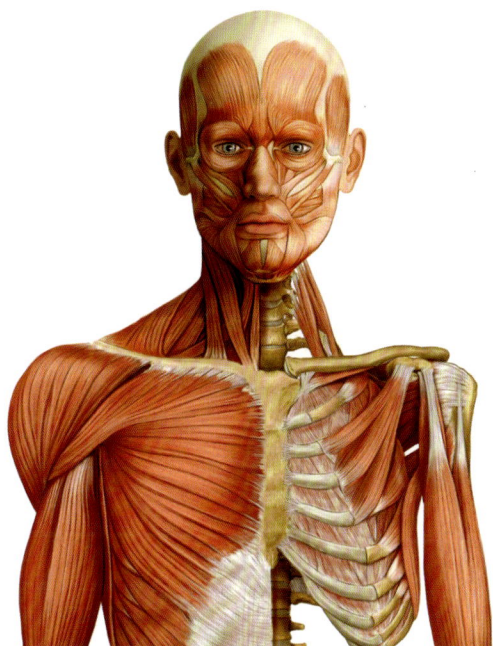

肌肉力量训练
彩色图谱
ANATOMÍA & MUSCULACIÓN

[西] 里卡多·卡诺瓦斯·里内拉斯（Ricardo Cánovas Lineras） 著

汪瑞芳 译

人民邮电出版社

北 京

图书在版编目（CIP）数据

肌肉力量训练彩色图谱 ／（西）里内拉斯
(Lineras,R.C.) 著；汪瑞芳译. -- 北京 ：人民邮电出
版社，2015.7
　（悦动空间）
　ISBN 978-7-115-39220-6

Ⅰ．①肌… Ⅱ．①里… ②汪… Ⅲ．①肌肉—力量训
练—图谱 Ⅳ．①G808.14-64

中国版本图书馆CIP数据核字(2015)第098839号

版权声明

内 容 提 要

　　本书是一本完整的健身和力量训练可视化指南，共包括 84 个涉及胸部、背部、肩部、手臂、腿部、臀部和腹部的训练动作。针对每一个训练动作都用图示的方式进行展示，并详细介绍了重点训练的身体部位、起始姿势、训练要点、技术等级、注意事项以及需要避免的常见错误，还给出了在家庭、办公室或其他场所不使用器械或仅使用简单的器械就可以达到同样效果的替代训练方法。在本书最后部分，针对不同水平的人群分别给出了初级、中级和高级训练计划。

　　本书适合各个年龄段不同技术水平的男性和女性读者使用，即使高水平的专业人士和运动员也能从书中找到他们所需要了解的知识，以此来突破限制其取得进展的许多障碍。

◆ 著　　 [西] 里卡多•卡诺瓦斯•里内拉斯
　　　　　　　（Ricardo Cánovas Lineras）

　译　　　汪瑞芳
　责任编辑　刘　朋
　责任印制　程彦红

◆ 人民邮电出版社出版发行　　北京市丰台区成寿寺路 11 号
　邮编 100164　电子邮件 315@ptpress.com.cn
　网址 http://www.ptpress.com.cn
　雅迪云印（天津）科技有限公司印刷

◆ 开本：787×1092　1/16
　印张：8　　　　　　　　 2015 年 7 月第 1 版
　字数：209 千字　　　　　 2025 年 6 月天津第 64 次印刷
　著作权合同登记号　图字：01-2014-7801 号

定价：45.00 元

读者服务热线：(010)81055410　印装质量热线：(010)81055316
反盗版热线：(010)81055315

致谢

我非常感谢Editorial　Paidotribo出版社，尤其感谢埃米利奥·奥尔特加让我来完成本书。感谢玛丽亚·费尔南达·坎拉对本书文字进行的充满睿智而持续的评审工作，感谢安赫拉斯·杜梅的建议与贡献以及在许多回忆中显示出的耐心，感谢吉耶尔莫·赛哈斯作为身体训练方面的专家所提供的极有帮助的技术说明，感谢维克多·坎诺瓦斯无比重要的合作，感谢其他所有参与本书出版工作的人们。

总之，我最深刻的感激之情来自他们所表现出的兴奋、热情和专业精神。多亏他们，我才能成功完成这个工作。这样，体能训练的入门者和已经达到高级训练水平的人们才能发现新的知识领域，并以尽可能简单的方式实现他们的训练目标。

本书原著作者及相关人员

作　　者 【西】里卡多·卡诺瓦斯·里内拉斯
（Ricardo Cánovas Lineras）

文本编辑 【西】吉耶尔莫·赛哈斯·阿尔比尔
（Guillermo Seijas Albir）

插图绘制 【西】米丽娅姆·费隆（Myriam Ferron）

摄　　影 【西】诺斯（Nos）　索托（Soto）

EDITORIAL
PAIDOTRIBO

目 录

如何使用本书⋯⋯⋯⋯⋯⋯ 6
前言：肌肉与训练⋯⋯⋯⋯⋯ 8
人体肌肉分布图⋯⋯⋯⋯⋯ 16
运动面⋯⋯⋯⋯⋯⋯⋯⋯⋯ 18

胸部　　　　**1**　　　　**20**

上斜哑铃卧推⋯⋯⋯⋯⋯⋯ 22
拉力器胸前交叉飞鸟⋯⋯⋯⋯ 23
哑铃卧推⋯⋯⋯⋯⋯⋯⋯⋯ 24
杠铃卧推⋯⋯⋯⋯⋯⋯⋯⋯ 25
双杠屈臂支撑⋯⋯⋯⋯⋯⋯ 26
上斜哑铃飞鸟⋯⋯⋯⋯⋯⋯ 27
平卧哑铃飞鸟⋯⋯⋯⋯⋯⋯ 28
上斜杠铃推举⋯⋯⋯⋯⋯⋯ 29
下斜杠铃推举⋯⋯⋯⋯⋯⋯ 30
练习器夹胸⋯⋯⋯⋯⋯⋯⋯ 31
仰卧哑铃上拉⋯⋯⋯⋯⋯⋯ 32
练习器推举⋯⋯⋯⋯⋯⋯⋯ 33

背部　　　　**2**　　　　**34**

哑铃耸肩⋯⋯⋯⋯⋯⋯⋯⋯ 36
杠铃直立划船⋯⋯⋯⋯⋯⋯ 37
宽握正手引体向上⋯⋯⋯⋯⋯ 38
窄握距下拉⋯⋯⋯⋯⋯⋯⋯ 39
宽握距下拉⋯⋯⋯⋯⋯⋯⋯ 40
坐姿拉力器划船⋯⋯⋯⋯⋯ 41
坐姿练习器划船⋯⋯⋯⋯⋯ 42
坐姿练习器上拉⋯⋯⋯⋯⋯ 43
站姿直臂下拉⋯⋯⋯⋯⋯⋯ 44

V把下拉⋯⋯⋯⋯⋯⋯⋯⋯ 45
哑铃划船⋯⋯⋯⋯⋯⋯⋯⋯ 46
平卧拉力器上拉⋯⋯⋯⋯⋯ 47
T型杠划船⋯⋯⋯⋯⋯⋯⋯ 48
杠铃划船⋯⋯⋯⋯⋯⋯⋯⋯ 49
练习器伸腰⋯⋯⋯⋯⋯⋯⋯ 50
上斜伸腰⋯⋯⋯⋯⋯⋯⋯⋯ 51

肩部　　　　**3**　　　　**52**

站姿哑铃侧平举⋯⋯⋯⋯⋯ 54
单臂哑铃侧平举⋯⋯⋯⋯⋯ 55
练习器侧平举⋯⋯⋯⋯⋯⋯ 56
单臂上斜哑铃侧举⋯⋯⋯⋯⋯ 57
单臂哑铃前平举⋯⋯⋯⋯⋯ 58
肩上推举杠铃⋯⋯⋯⋯⋯⋯ 59
变换握法推举哑铃⋯⋯⋯⋯⋯ 60
坐姿肩上推举哑铃⋯⋯⋯⋯⋯ 61
练习器肩上推举⋯⋯⋯⋯⋯ 62
练习器反式飞鸟⋯⋯⋯⋯⋯ 63
坐姿哑铃飞鸟⋯⋯⋯⋯⋯⋯ 64
站姿单臂拉力器侧平举⋯⋯⋯⋯ 65

手臂　　　　**4**　　　　**66**

站姿杠铃弯举⋯⋯⋯⋯⋯⋯ 68
单臂交替哑铃弯举⋯⋯⋯⋯⋯ 69
上斜哑铃弯举⋯⋯⋯⋯⋯⋯ 70
牧师椅杠铃弯举⋯⋯⋯⋯⋯ 71
单臂哑铃弯举⋯⋯⋯⋯⋯⋯ 72
锤式哑铃屈臂⋯⋯⋯⋯⋯⋯ 73

仰卧肱三头肌伸展·················· 74

V型曲杠下拉 ··················· 75

坐姿哑铃背后上拉·················· 76

双杠臂屈伸····················· 77

单臂哑铃向后伸展·················· 78

窄握距杠铃卧推··················· 79

杠铃背后腕弯举··················· 80

跪姿反握杠铃腕弯举················ 81

坐姿正握杠铃腕弯举················ 82

站姿反握杠铃腕弯举················ 83

腿部 5 **84**

颈后杠铃深蹲···················· 88

仰卧上斜腿屈伸··················· 89

哈克机深蹲····················· 90

坐姿腿屈伸····················· 91

颈前杠铃深蹲···················· 92

俯卧腿弯举····················· 93

坐姿腿弯举····················· 94

颈后杠铃站姿提踵················· 95

单腿哑铃站姿提踵················· 96

坐姿提踵······················ 97

练习器腿外展···················· 98

练习器腿内收···················· 99

臀部 6 **100**

站姿向后踢腿或拉力器后拉腿··· 102

跪姿屈膝抬腿···················· 103

颈后杠铃弓步蹲·················· 104

仰卧桥式挺臀···················· 105

俯卧髋弯举····················· 106

仰卧桥式髋外展·················· 107

腹部 7 **108**

拉力器跪姿收腹下拉················ 110

拉力器仰卧收腹下拉················ 111

哑铃仰卧收腹···················· 112

练习器坐姿收腹体前屈·············· 113

杠铃片仰卧起坐·················· 114

跪姿收腹······················ 115

屈膝侧卧起坐···················· 116

弯腿卷腹······················ 117

拉力器侧屈····················· 118

哑铃仰卧起坐转体················· 119

训练计划 **120**

初级························· 120

中级························· 122

高级························· 124

词汇表······················· 126

参考文献······················ 128

■ **原动肌**：主动做功的肌肉（收缩）

● **协同肌**：协助原动肌进行动作的肌肉

▲ **拮抗肌**：与原动肌收缩作用相反的肌肉

✖ **支点**：运动的支撑点

参与肌群

识别训练

身体部位	肌肉	训练名称	训练内容
胸部	胸肌	仰卧哑铃上拉	

教练建议

肌肉激活程度

附加说明

移动方向

🛑 **需避免的常见错误**
避免伸展肘关节，而应伸展肩关节。

⚠ **注意事项**
在放低和开始举起哑铃时不要过分弓起背部，尤其是腰部。

控制速度

肌肉激活程度
+
2
−

起始姿势：躺在平放的椅子上，双手握住一只哑铃置于胸部上方，保持肘关节微微弯曲。

训练要点：缓慢地沿弧线拉低哑铃至头部后方，直至手臂与地面平行，并与躯干在同一水平线上。然后通过举起哑铃作反向移动回到起始位置，保持手臂与躯干垂直。

动作等级：高级。

■ 胸肌

▲ 背阔肌

✖ 冈下肌

● 三角肌

参与肌群

⬭ 虚线表示所指示的肌肉不可见，这是由于该肌肉位于背面或更深结构层。

变式训练

开始

结束

教练建议

进行训练

胸肌	
练习器推举	**胸部**

胸肌 ■

● 三角肌前束

◐ 肱三头肌

✖ 冈下肌

▲ 背阔肌

挺胸，肩关节向后靠，保持脊柱自然弯曲

起始姿势：坐在胸压机上，保持肩关节水平后展，靠在靠垫上，手臂与地面平行。

训练要点：缓慢匀速地同时抬起双臂，向前伸直肘关节，保持肘关节恰好在肩关节下面。当肘关节完全伸展后，避免锁死关节，短暂停顿后缓慢回到起始位置。

动作等级：初级、中级和高级。

STOP **需避免的常见错误**
保持肩胛骨向后压在靠垫上。

⚠ **注意事项**
避免用头部按压靠垫和用颈部施加压力。

变式训练

开始

结束

变式训练

针对每项训练，我们推荐一个可以在家里或健身房之外的地方进行练习的变式训练。所有这些替代训练可以通过一些容易在运动商店里买到的低价器材来完成。

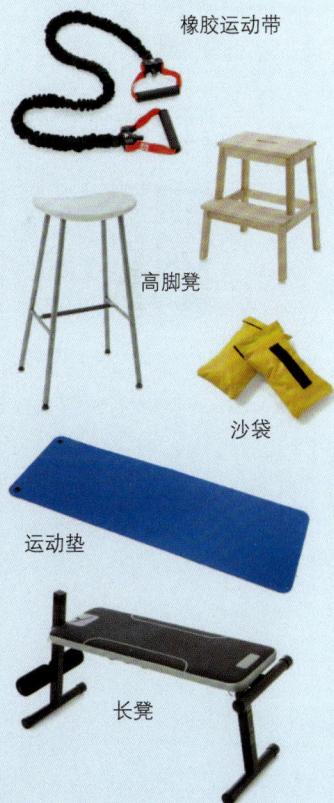

橡胶运动带

高脚凳

沙袋

运动垫

长凳

力量是肌肉的一项功能。投入少量时间使肌肉力量大大增强是可能的，这也正是本书倡导的训练方法的依据之一：即基于运动生理学原理的训练，包括最大限度地开发肌肉潜能且不超出基因组成所允许的范围。为达到此目的，强度是非常重要的因素。我们知道肌肉利用增长机理保持这种强度，但强度并不是随着肌肉的形状和大小而变化的；否则，我们将见到肌肉非常发达的马拉松选手。换言之，肌肉需要高强度而短时的刺激。

投入少量时间使肌肉力量大大增强是可能的。

尊重肌肉的语言

这不是关于举重而是关于尊重肌肉的语言。我们不建议做整套训练，因为它们不是累积性的。让我们来举个例子：当想将一个钉子钉到位，我们没有理由采用持续捶打的方法，因为那样的话我们得到的唯一结果将是把周围的区域毁坏。我们的身体在处理训练所带来的压力需求方面的能力也是有限的。身体发出的指导性的征兆是存在的，但不包括僵硬感。这表明仅有不完整的细胞代谢，任何时候都不能显示我们的训练是正确的，实际上恰恰相反。让我们试试打网球：如果我们在此之前从没有打过网球，第二天我们将经受很强烈的僵硬感，而我们的肌肉绝对不会增长。我们建议的训练方法与肌肉紧张度直接相关，须锻炼到肌肉衰竭点，并且非常缓慢地进行。

肌群

人体肌肉含量在25~30岁之间开始减少。这种减少的发生与个人活动水平并不相关。一些研究已经表明，除非我们将训练重点放在有规律地、科学地进行增肌训练，

久坐的生活方式和体力活动都会使我们损失肌肉组织。这使得我们继续年轻时从事的运动成为可能，只要我们能生成并保持与之前同等数量的肌肉。随年龄增长而出现的肌肉减少是不可避免的，我们强调这个事实，因为它确实是重要的。但是，就如我们在开头所述，力量是肌肉的一项功能，并且投入少量时间使肌肉力量大大增强是可能的。

为什么健身

除了能使我们从事体力活动（为了娱乐或竞赛），健身还大大有利于我们的健康：它在我们的整个生命里执行防护身体的任务。我们不希望这种防御被削弱，但这种削弱过程会随着时间的推移而发生。所有器官都会衰老，唯有肌肉能恢复，而且保持肌肉状况良好意味着其他器官也将在更好的状况下工作。例如，肝脏的功能会因为一个适当的肌群的存在而得到改善。同样的情况也存在于肺部和心脏，

即反过来还可被用来增强肌群的那些器官。

除了保持肌肉更强壮，保持肌肉系统状况良好还有许多其他优点，包括能改善心血管系统，从而有助于我们减掉多余的脂肪，还能提高我们的耐力和灵活度，以及增加骨密度。所有这些都可以通过适当进行体育锻炼来实现。这也正是我们在本书中讲述的内容，即从健康的角度来表述以上涉及的观点。

此外，保持肌肉系统状况良好的优点还包括这些肌肉能满足人们对之期望的每个要求，而且在做好所有工作之外还能在不受伤的情况下快速调理身体。无论是在日常活动中还是在简单的休闲活动中，体力活动的目的是让我们的身体更强壮并更好地为运动发力作准备。

肌肉随年龄增长而减少并不是一个不可避免的事实。

肌肉是如何运作的

肌肉的运作是通过收缩来完成的，换言之，也就是使肌肉的两端渐渐靠拢。这样做也牵引骨骼互相靠近。奇怪的是肌肉的延展并不能通过自身来实现，而是通过其对抗肌的收缩或借助外部压力来完成。肌肉从一端运动到另一端，起始端通常占据近端骨骼外的大范围区域，肌止端通常占据远端骨骼周围较小的强健的区域,因此，肌肉起始端指的是肌肉与骨骼相连接处较少移动的部位。

根据收缩能力，肌纤维可被分为四种，但我们可将其简化为两种：快速肌纤维（或白肌纤维）和慢速肌纤维（或红肌纤维）。快速肌纤维在需要短时爆发力时被激活，而慢速肌纤维在耐力训练时工作。

当我们运动时，慢速肌纤维首先作出反应。当重量增加时，这些肌纤维将逐步衰竭，中间型肌纤维和快速肌纤维将开始工作。

各种肌纤维在人体中的比例在人出生时就已经形成，而且它们随着不同的肌肉和不同的人而变化。

高强度训练的目的是增强所有种类的肌纤维，同时我们需记住我们赖以工作的是我们所继承的带着年龄段特征的基因：随着年龄的增长，我们将经历灵活度、速度等的降低，我们的速度肌纤维将开始衰减，这使得从前做起来很简单的动作变得艰难起来。

我们推荐的训练：针对肌肉衰竭的锻炼（先衰竭训练法）

首先，这种训练需是慢速的，但是比传统的训练更剧烈（每一到两秒重复一次）。这可以燃烧掉更多的热量和体内脂肪，并且能增加对胰岛素的辨识敏感度（胰岛素抵抗会增加患肥胖症的可能性），因此只要与合理的饮食相结合，这样的训练可以调节血压、胆固醇和甘油三酯的水平。而最重要的是：通过每周少于半小时的这种训练，你会注意到体脂显著降低。如果正确坚持了这种训练，肌群将不会减少。

这是奇怪的，但如果我们摄入少于身体所需的热量，除了消耗脂肪外，训练也将消耗我们的肌群，如果我们加入有氧训练，我们损失的肌肉将更多。因此，这种类型的训练由于会引起肌肉的损失，将导致失败的效果。而我们推荐的训练将达到一种新陈代谢方式，它能允许由于高强度训练引起的变化导致的体脂消耗。

所有器官都会衰老，唯有肌肉能恢复。

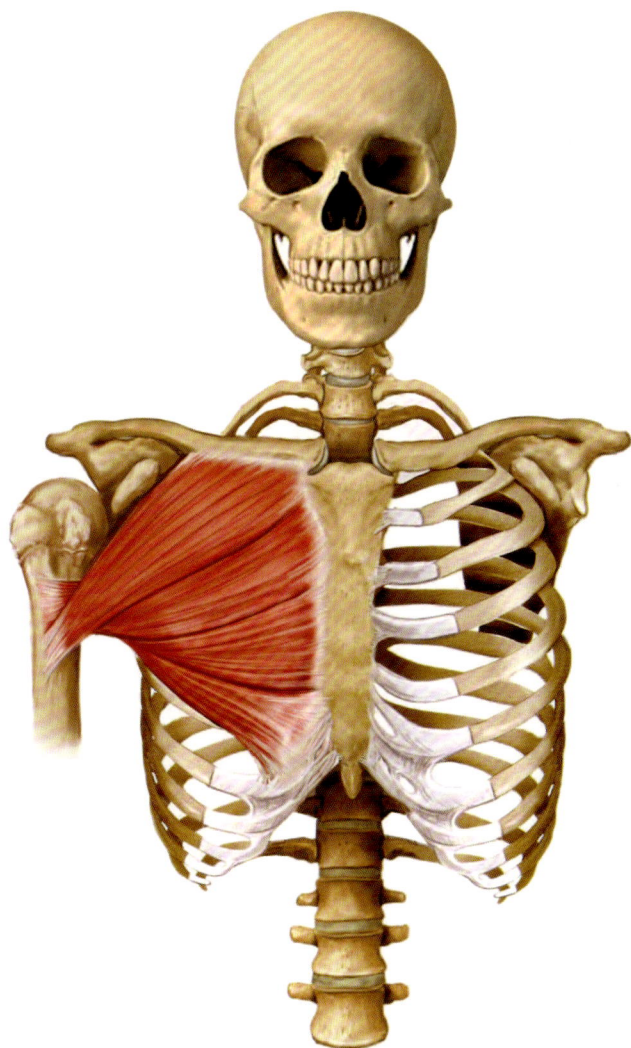

通过将肌肉锻炼到其衰竭点，我们创建了机体的新需求，因为我们已经越过了肌肉原有的正常水平。这就好像身体正在对我们说："我很重要。"剧烈运动会刺激一种能根据能量消耗状态来调节代谢过程的腺苷酸激酶，并使它在训练中处于活跃状态，尤其在2型糖尿病和肥胖症患者身上。换言之，它能调节异常能量代谢。

已有研究表明在一次高强度训练后，来自这种酶的刺激可维持7～10天。这也解释了脂肪是如何在训练间歇中被消耗掉的，也就是说在休息时被消耗掉。

原动肌、拮抗肌、协同肌及固定肌

分清每块肌肉在运动中扮演的角色是很重要的。我们知道原动肌是直接参与完成动作的肌肉。拮抗肌是向与原动肌作用方向相反的方向动作的肌肉。另一个角色便是协同肌，协同肌协助原动肌一起完成动作。最后，我们来认识一种具有固定器或稳定器功能的肌肉，这种功能保证了肌肉锻炼能正确进行，它通过等长收缩来完成固定。肌肉能做什么并不表明肌肉将要做什么，因为一切都取决于稳定性要求。

怎样正确热身

在我们所处的情况里，由于训练在缓慢进行，我们并不需要专门的热身，前10～20秒锻炼可被看作热身。在这段时间里，多数处于活动状态的肌纤维被调动起来，处于非活动状态的肌纤维在锻炼的最后几秒里也被调动起来。当所有肌纤维被锻炼到此时并显出疲态时，这也恰恰是能使后面的训练卓有成效的热身状态。

怎样做重复动作

重复动作是指反复多遍地进行一个特定动作的练习，一套动作是一个完整系列反复训练动作的集合。

为了使所做的动作达到我们所认为的无可挑剔的准确性，我们需进行缓慢且受控的身体移动，这样可以将冲击力减小到最低限度并增加肌肉张力。这样一来，我们将完成高质量的重复动作。

因此，最重要的不是移动的重量，而是怎样去移动这些重量。我们一贯建议在做重复动作的过程中将冲击力降到最低，并在肌肉达到最大收缩时作短暂停顿。这种停顿一般发生在沿单个轴移动的训练中，并且在从反相位过渡到正相位的过程中运动方向改变得很慢。

注意身体姿势是非常关键的，尤其是肌肉的稳固，同时还不能忘

肱三头肌

肱肌

肱二头肌

注意每个动作的身体位置，尤其是肌肉固定点的位置是很重要的，并且不要忘记我们需提供持续不变的肌肉张力。

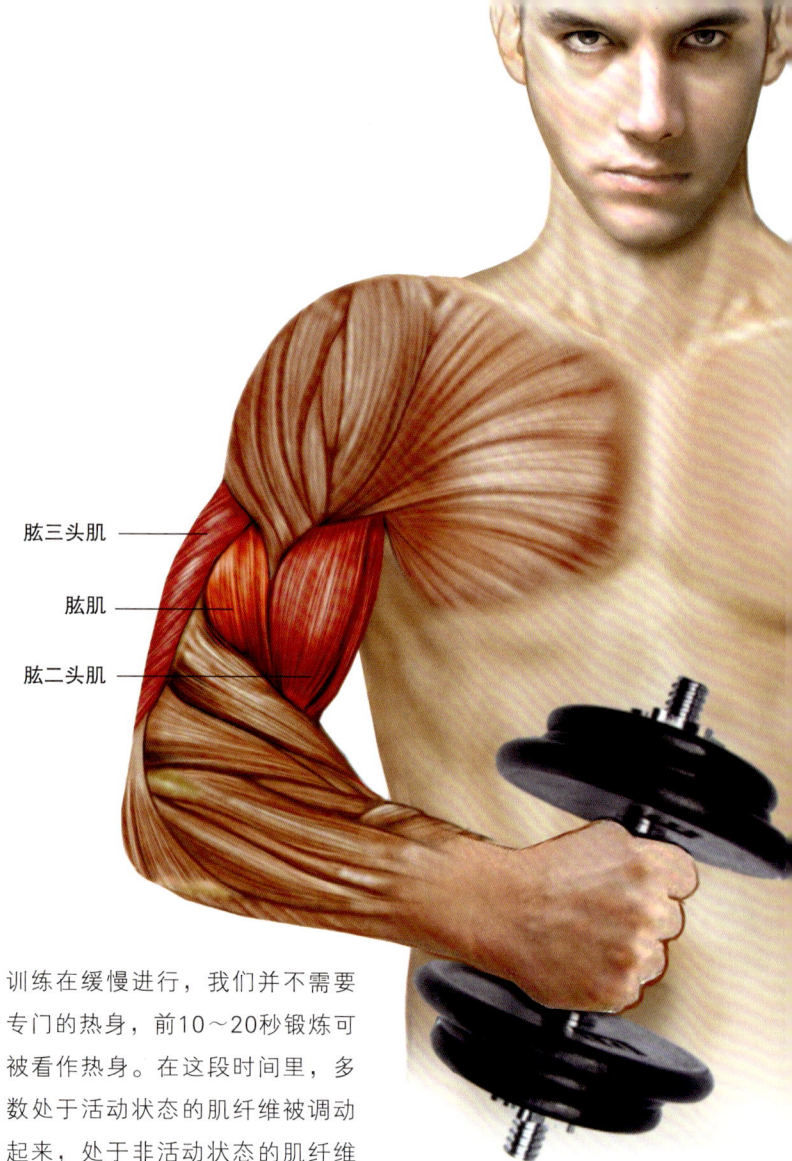

记保持恒定肌肉张力的重要性。

如果将重量移动得太快，冲击力将减轻落在肌肉上的负荷，这使得训练在移动的多数范围内变得更容易，当然也更危险。也许存在一定的最优举重速度，但没人能确知这种速度是什么样的。因此，我们强调控制举重速度是很重要的，最适当的速度将能使肌肉尽可能多地得到锻炼。这种锻炼通常在一定的节奏下发生，例如4秒的同轴运动（肌肉收缩或正向运动）、2秒的静止收缩（身体保持不动或等距运动）以及4秒的离心收缩（肌肉向外拉伸或反向运动）。如果重量能快速移动，肌肉将得不到足够的刺激。快速使重量从高处下降相当于扔下一件重物，这种扔的动作对增强肌肉力量毫无帮助。

我们建议强调重复动作的离心位（当肌肉被拉伸时），将教你如何防止在反向或离心方向上加速移动重量。我们必须不让重量从高处直接掉下来，因为这将不利于肌肉大小或力量的增长。

以腿部拉伸为例，重量必须被缓慢（同轴或正向）而轻柔地举起，举起的速度须使得股四头肌在整个移动过程中（大约4秒）保持伸展姿势（当腿被拉伸时须有一个短暂停顿）。然后你必须将腿慢慢放下来（离心或反向），耗时大约4秒。如果不确定需保持什么样的速度，我们应该更慢地举起和放下重量，而不是更快。

我们必须注意身体姿势和肌肉固定。这两点在正确并有效锻炼肌肉的过程中很重要。所有这些细节使得重复动作更容易，而突然的身体位置变化将使锻炼存在危险。

训练的最终目的是引起肌肉紧张，这一点也将区分专业人士与初学者。我们可将肌肉理解为产生肌肉张力的机器。为实现这一功能，肌肉可适应自身产生的张力。因此，当我们提高需求时，肌肉也变得更强壮。

在一组动作中第一个重复动作是最重要的，然后是第二个动作，这必须以与第一个动作一模一样的方式来完成，目标是再现完美的重复动作。如果一组重复动作被用视频记录下来，各次动作之间应无任何差别。

你如何决定训练量

当我们被问到一次高强度训练应该持续多长时间时，令人满意的答案通常是每周不超过30分钟。我们必须指出并非所有人都以同样的方式管理时间，而强度等于运动量除以时间。我们认为精确的训练量是很重要的，不多不少为最佳。过多或过少均将达不到理想效果。

如果以药物为例，我们将理解得更清楚。比如，如果我们被建议每隔24小时的用药量将保证身体的良好状态，我们为何不能每隔6小时就用药呢？这仅仅是因为这样做不会提高疗效，而副作用会非常明显，由此可见训练量的重要性。这个例子表明一点点多余的刺激可能带来很强的反作用。

怎样进行锻炼

最重要的事情是在最小冲击

力的情况下进行锻炼。肌肉通常在一组耗时60~90秒的动作后产生反应。超过90秒的话，我们所用的重量需增加5%。介于60秒与90秒之间时，我们将不改变所用的重量，而低于60秒的时候我们应减少5%的重量。

例如，如果我们在之前的锻炼中所用的重量是70千克，且耗时96秒，那么这次我们应该将重量增加5%，换言之，需增加3.5千克。于是新重量将大约为73.5千克。如果耗时在60秒与90秒之间，我们不用改变重量。而当耗时低于60秒时，我们应该减少5%的重量，所用的新重量将是66.5千克。

我们必须用4秒举起这个重物，再用4秒放下它。而在一些训练中我们将在动作的两个阶段之间作短暂停顿（在每个训练的技巧描述里我们会指出是否需要作停顿以及停顿多久）。

这种锻炼肌肉的方式能提供非常重要的肌肉张力并保护关节（循序渐进）。

我们须重复动作训练，直到进行到不能继续为止。换言之，即使我们还可以移动这个重量的物体，但我们不可以将它移动到前次重复的位置上（肌肉衰竭）。

什么是训练强度

训练强度是运动过程中施加给身体的最大力度，用以从起点X运动到终点Y。例如，我们可以这样描述这两个点：当举起重量时（比如肱二头肌训练），如果我弯曲手肘并将重量举向肩膀，在举起重量之前的位置便是起点X，胳膊完全弯曲时的位置便是终点Y。当向上弯曲前臂至上臂位置却无法抵达Y点，我们认为这是肌肉衰竭点，那么这样的力度就被认为是此次的训练强度。

当我们以这样的方式锻炼时，我们每次只能做一组这样的训练动作。

如果我们的身体没有理由继续锻炼，它将什么也不做。所以，抵达肌肉衰竭点，即做高强度训练，将唤醒在肌肉收缩状态下不会用到的肌纤维。

训练计划

为达到训练目的，我们需向目标一步步前进。所以，我们必须使用循序渐进的方法，即试着在每次训练中增加重量或延长时间。

我们必须牢记训练计划，为此我们使用训练日志。

避免犯与他人比较的错误是很重要的。我们唯一可以与之比较的人恰恰是我们自己。我们不能根据他人的训练情况来评估自己的训练计划的成功率。

进行高强度训练的人最需要的是短时动作。

不断进步的关键是平衡以下三个要素：高强度、渐进超负荷和训练频率。

以下是一组用于整个身体的动作示范，其中每个动作耗时大约2分钟。

1. 腿推举
2. 腿筋卷曲
3. 腓肌运动
4. 胸部伸展
5. 坐姿拉力器划船
6. 压肩
7. 肱二头肌伸展
8. 仰卧肱三头肌伸展
9. 仰卧起坐
10. 下背部伸展

初学者

我们将未曾进行过重量训练的人和多年未训练的运动员视为初学者。

初学者必须按照适当的计划开始训练，训练计划应满足阻力较小的要求，而且短期目标应该是正确地进行锻炼。训练计划应随着训练力度逐渐调整，而且应基于训练者的个人能力和训练目标。这种调整主要集中在逐渐增加负荷上。当增加肌肉负荷时，我们也将接近基因所允许的极限，随之而来的是进步将变得更困难。

中级训练者

处于中等水平的训练者在之前的训练中已经明确表现出努力和规律性。通常处于这一水平时，我们应多加注意训练频率和分段例行体能计划的纳入，但不会脱离实际情况。根据基于经验和科学研究的标准，我们知道强度与训练量是

Y

X

有冲突的，因此短时动作是人们进行高强度训练时最需要的。

中级训练者应该在同一种训练上花多长时间呢？答案是直到训练者再也无法继续训练或无法举起更多的重量。当一种训练无法继续进行时，我们就必须用另一种能继续进行的训练来取代它。所有训练都有一个极限点，其进度会因为抵达最大潜在力量或过度训练而终止。

应使用多大的重量
初学者

我们本可以进行一些公式计算来确定宜使用的最佳重量，但最快且最具实效的方法是先拿起较轻的重量（训练者在该重量下能不费力地进行20次重复动作），然后在前三组训练中着重使训练动作正确，随后我们可以开始增加负荷。

中级训练者

从12个训练周期（3个月）之后开始，训练者可以进行能致使肌肉衰竭的高强度训练。

高级训练者

训练一段时间后我们会进入无法继续有进展的停滞期（至少在连续三次训练中无法使用更大的重

不断进步的关键是平衡以下三个要素：高强度、渐进超负荷和训练频率。

我们在健身房训练时刺激到肌肉块，但肌肉在我们休息时增长。

量或坚持更长的时间），但高强度训练技巧的恰当运用可使我们继续进步。

减重训练（分解）是克服停滞期的富有成效的步骤，也是扩展训练的最基本方法。当我们无法继续之前的一组训练时，可以减掉15%的重量并继续训练，直至抵达肌肉衰竭（第二次）。在此，我们需要相应地更改训练时间，而且如前所述，我们也将通过减掉15%的重量来扩展该组训练。

在完成6周的减重训练（分解）后，我们将在肌肉发育上取得很显著的进展。这时我们需要重新进行同等时间（6周）的标准训练来减小过度训练的风险，从而节省训练时间并达到较高的训练效率。

如何使肌肉块增长

奇怪的是我们的肌肉块并不是在健身房训练时增长的，在那里我们只是对肌肉施加能促使它增长的刺激。只有我们允许身体休息，肌肉增长才会发生。

刺激→恢复→增长

训练日志

为评价训练进展，使训练情况得到体现是很重要的。因此，我们推荐保持记录训练日志，这样一来我们可以确认、修改或更正任何训练结果。这将使我们能根据客观数据来评价训练情况。训练日志示例如下。

我们想强调将训练内容记录下来的好处是有助于评价每周的进展。

很多人都没能成功改变他们

姓名

	重量/时间						
日期	5月21日						
重量	75千克						
皮褶厚度	15毫米						
平卧推举	70/110						
腿卷曲 *	35/87						
小腿*	70/110						
胸压	65/92						
练习器划船	45/102						
肩上推举	50/85						
拉力器背阔肌伸展	42/66						
腹部 (指定)							
腰部 (指定)							

注: * 表示可选。

的肌张力的一个原因是他们没有坚持执行详细的训练计划。他们通常基于记忆进行训练，或一直使用同样的未达到生理极限的重量。

我们应该改变训练计划吗

即使肌肉和其功能在一段时间的训练后没有变化，也没有理由去改变训练内容。促进肌肉生长刺激的关键应该是进行性拮抗，而不是训练项目的改变，因为这不是分散肌肉的问题。

身体构造

我们并不采用理想体重作为身体状况的衡量指标，而是采用身体构造，即采用体脂比。

为估计体内脂肪含量，我们可在朋友的帮助下用卡尺测量位于上臂的肱三头肌上的皮肤褶皱厚度，或者用卷尺测量腹围。为测量肌肉质量，我们只需在秤上称体重。

在开始训练之前我们将需要用秤称出体重，并用卡尺测出皮肤褶皱厚度。这样在10次训练之后，当重新测量这些指标时，我们将能得到可靠的信息以确认我们训练的正确性。为什么是10次训练之后呢？因为身体的变化并不是直线形式的，而是有起伏的，为找出变化趋势我们需要至少10周。

如何测量皮肤褶皱厚度

为测量胳膊上的皮肤褶皱厚度，我们必须跨过肱三头肌来测量。胳膊需要沿着身体侧面方向放松延展。

距离是通过测量肩峰（与锁骨末端相连的三角形肩胛骨的隆起）与肘突（尺骨上端的骨突之一，形如带四角底座的棱镜，并组成肘关节的背突出）之间的长度得到的。将这两者之间的中点标记下来。

在距离该中点大约1厘米处，我们用卡尺垂直夹住皮肤和肱三头肌（在上臂的背面）的脂肪组织。我们必须确保只选取了皮肤和脂肪组织而不是肌肉。如果不能确定正确位置，可将肌肉弯曲一下。如果肌肉被卡尺夹住了，在弯曲肌肉的时候我们会发现卡尺变紧了。在这种情况下，我们必须松开被夹住的皮肤，重新试一次。

也可以用卡尺测量距离手指1厘米处的皮褶厚度。在测量过程中无需松开手指，读取卡尺读数时需要施加恒定压力。将3秒后所得的读数精确到毫米并记录下来。最后移开卡尺并松开皮肤。

整个测量过程必须重复三次，并计算三次测量值的平均值。如果某次测量值与其他两个测量

我们需要记录训练内容，以此来衡量我们的进展。

值的差别大于10%，该值应被舍弃，并需要进行第四次测量。

如何测量腹围

10次训练后，当我们进行新的测量时可能发生以下情况。

● 体重增加了，而皮肤褶皱厚度却变小了。这表明肌肉质量增加了，我们正在正确地进行训练，并且离我们的目标更近了。

● 体重下降了，皮肤褶皱厚度保持不变。这表明肌肉质量减少了，我们需要回顾之前的训练。

—— 我们坚持指定的训练时间了吗？我们训练过度了吗？

—— 我们坚持休息时间了吗？

—— 我们训练时的移动幅度适当吗？我们重复一次动作的节奏正确吗？

● 体重和皮肤褶皱厚度都变

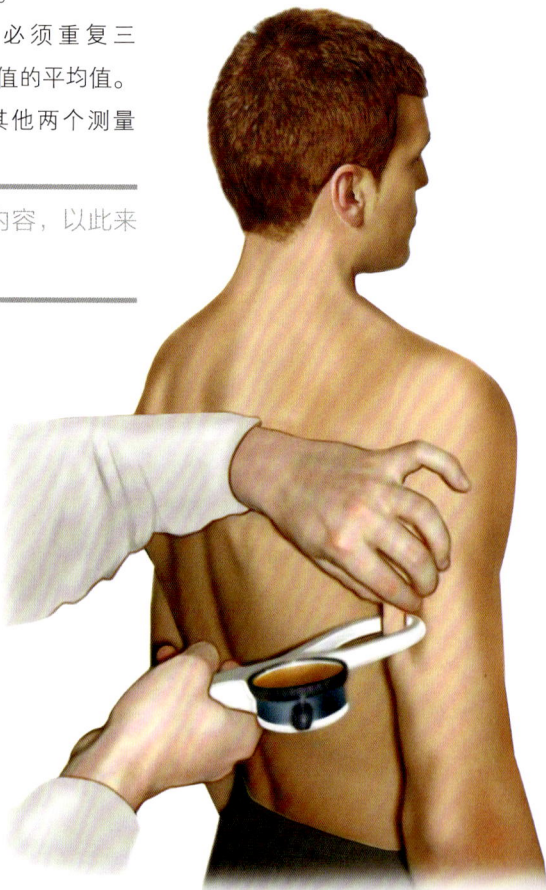

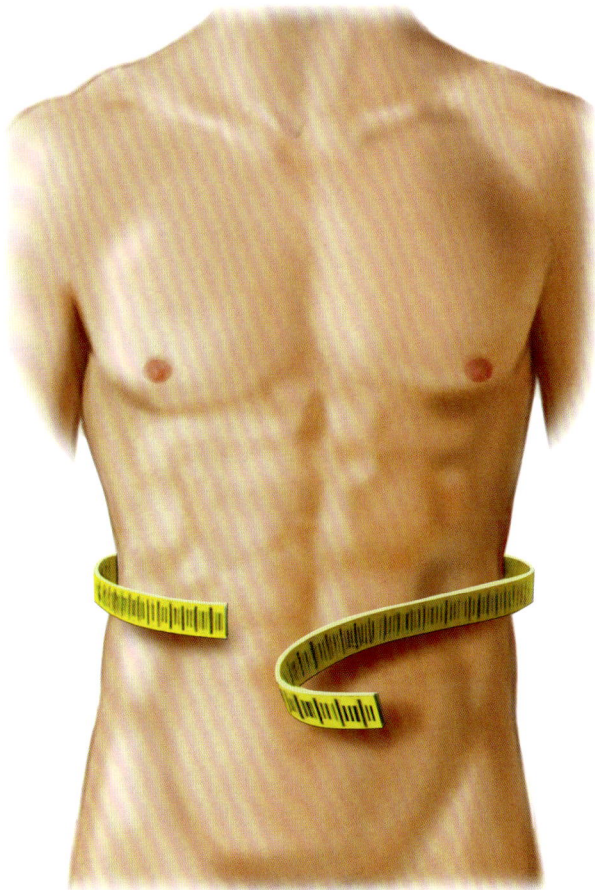

小。这可能表明脂肪减少了，如果这是训练目标，我们就在正确的训练道路上，否则，我们将需要重新检查训练内容和饮食。

肌肉激活

肌电图用于测量肌肉内的电活动，它使得测量及比较训练时肌群内的电活动成为可能。

肌肉的电活动及伴随它的肌张力很显著地受到生物力学因素的影响，比如选取的锻炼重量和杠杆器材的性能。使用肌电图检测系统对训练效果进行的分析使得比较针对特定肌肉的不同力量训练成为可能。

在此重点指出，表面电极记录位于附着点下方的所有肌肉的电活动，这对评价肌肉工作情况很有用。

这些信息有助于我们更清晰地感知希望锻炼的肌肉，并且可以分辨肌肉弱点位置正确与否。

错误的肌肉弱点被判为弱，是因为该处肌肉还未被锻炼到；而正确的肌肉弱点被判为弱，是因为这是由基因决定的。

如何利用这些信息来训练

从推荐训练项目中我们必须选取那些我们较少注意到的。

在训练一处肌肉或身体区域之前，重要的一点是明确如何感知自身肌肉的工作状况。为此，最好的课程应该选择带有更多肌肉激活内容的训练项目，而不仅仅是例行指导。这样我们可以培养自己对于为提高表现而必须在训练中执行的肌肉工作的感知能力。

误解

我有不好的基因。

人们会将不能进步归咎于他们的基因。许多人在健身房花费了很多时间锻炼肌肉却收效甚微，于是他们最终埋怨这是由他们的基因导致的结果而非他们的训练类型。但是基因真的能对肌肉训练结果产生这么大的影响吗？事实是比我们相信的小很多。很显然基因是有影响的，但并不会成为增长肌肉或减肥的障碍，我们只需要用恰当的方式来训练。

我的肌肉不能增长是因为我很瘦。

有些人认为即使他们进行强度训练或吃进大量食物，也无法让肌肉增长。确实有一些人能更容易地成功增长肌肉，但这并不表明人们应该将肌肉无法增长的原因归咎于自身的体质。

为了拥有轮廓清晰的腹肌，你必须做很多腹部练习。

拥有令人印象深刻的腹肌比看起来更容易实现。你应该怎么做呢？作为男性，你必须达到10%的体脂比；作为女性，你必须达到15%的体脂比。通过腹部训练或任何其他类型的训练，你并不能燃烧掉腹部脂肪。你需要做的是遵循恰当的饮食和我们所建议的训练。

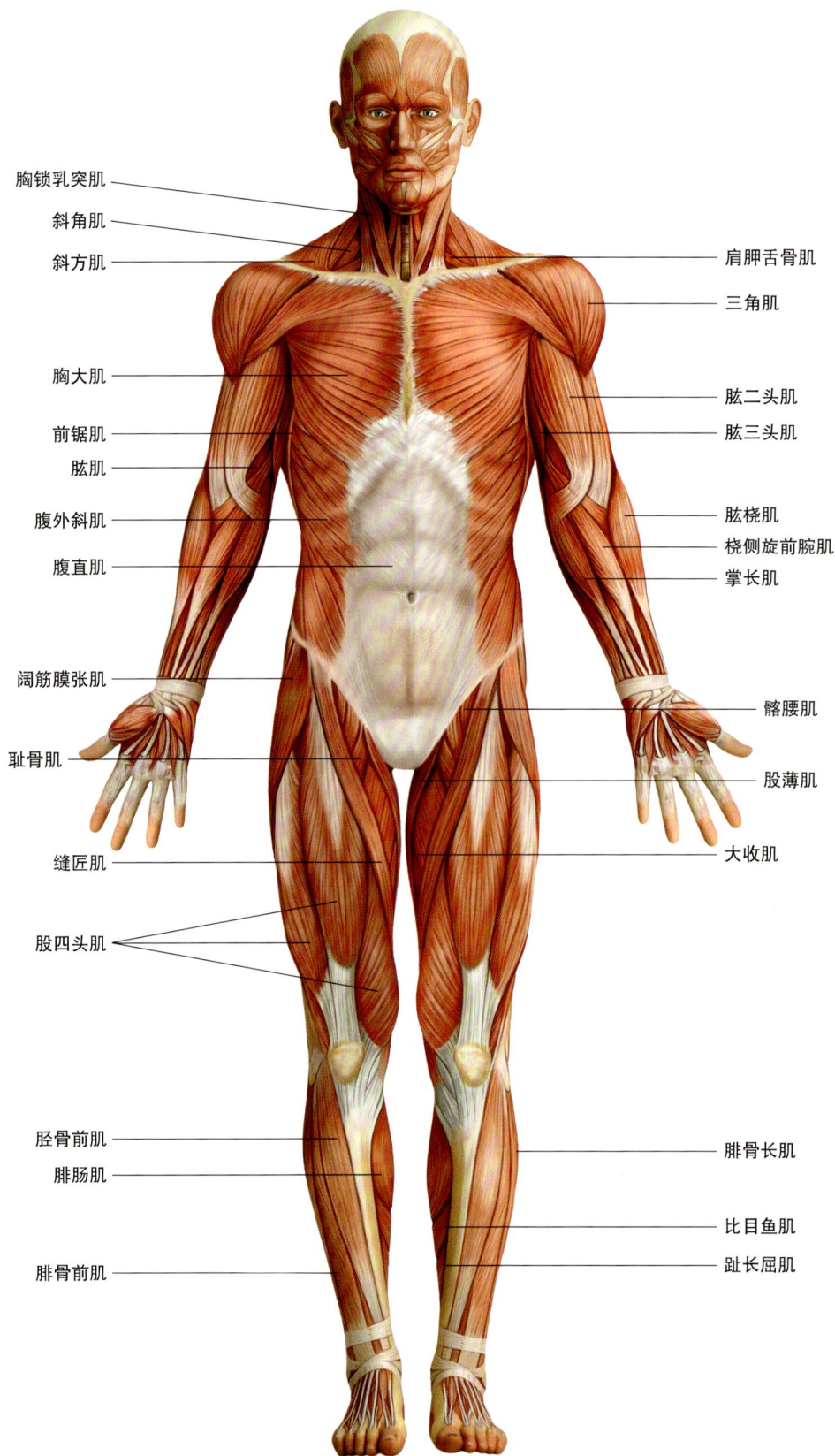

胸锁乳突肌

斜角肌

斜方肌

胸大肌

前锯肌

肱肌

腹外斜肌

腹直肌

阔筋膜张肌

耻骨肌

缝匠肌

股四头肌

胫骨前肌

腓肠肌

腓骨前肌

肩胛舌骨肌

三角肌

肱二头肌

肱三头肌

肱桡肌

桡侧旋前腕肌

掌长肌

髂腰肌

股薄肌

大收肌

腓骨长肌

比目鱼肌

趾长屈肌

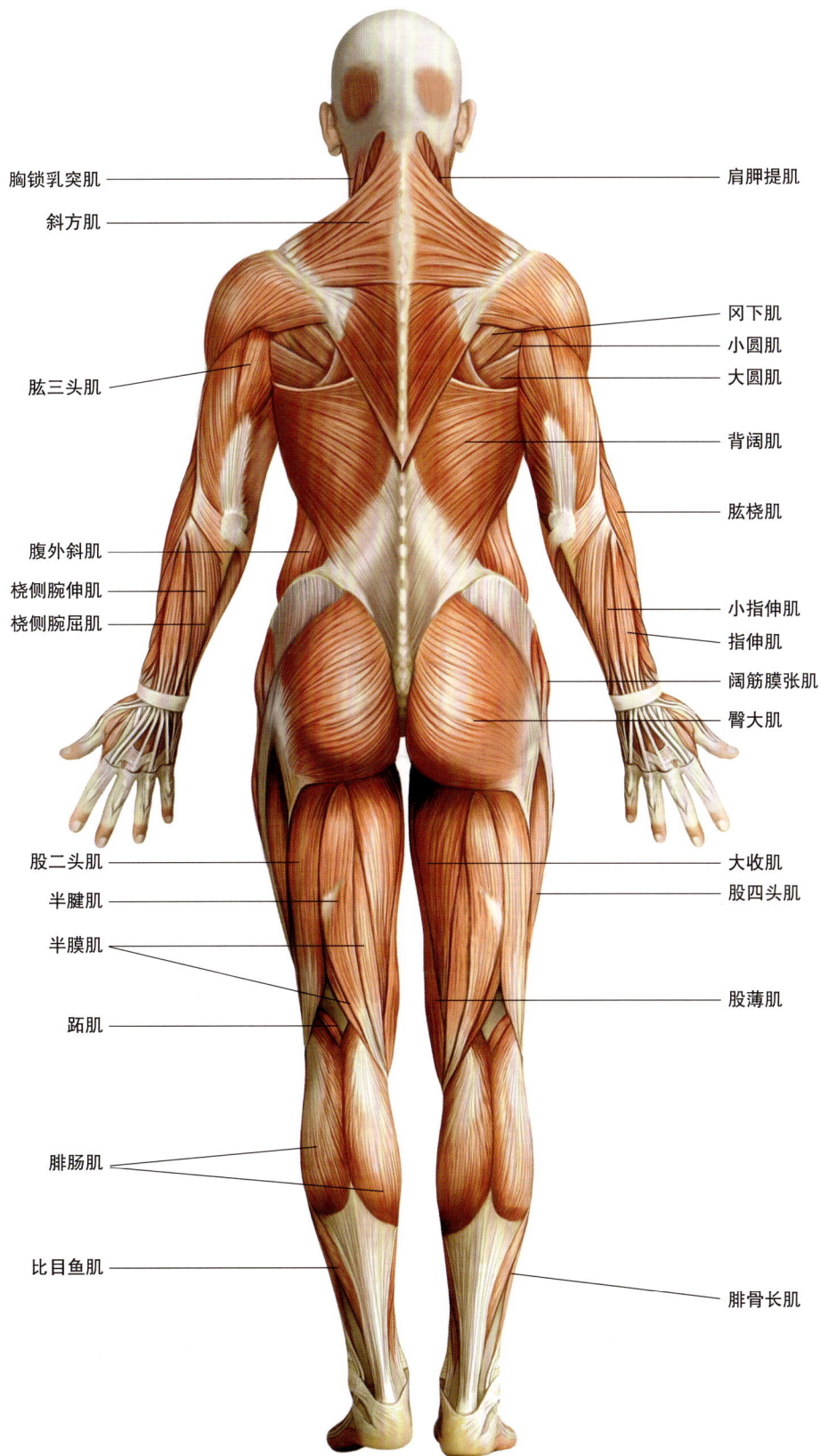

胸锁乳突肌

斜方肌

肱三头肌

腹外斜肌

桡侧腕伸肌

桡侧腕屈肌

股二头肌

半腱肌

半膜肌

跖肌

腓肠肌

比目鱼肌

肩胛提肌

冈下肌

小圆肌

大圆肌

背阔肌

肱桡肌

小指伸肌

指伸肌

阔筋膜张肌

臀大肌

大收肌

股四头肌

股薄肌

腓骨长肌

为了便于理解关于训练技巧的描述，很有必要对一些用于描述身体移动的常见概念有清晰的理解。首先我们需要知道这些运动与三个不同的平面相关：冠状面、矢状面和水平面。在任何情况下，我们须意识到很多身体移动的动作都是在混合平面里完成的。

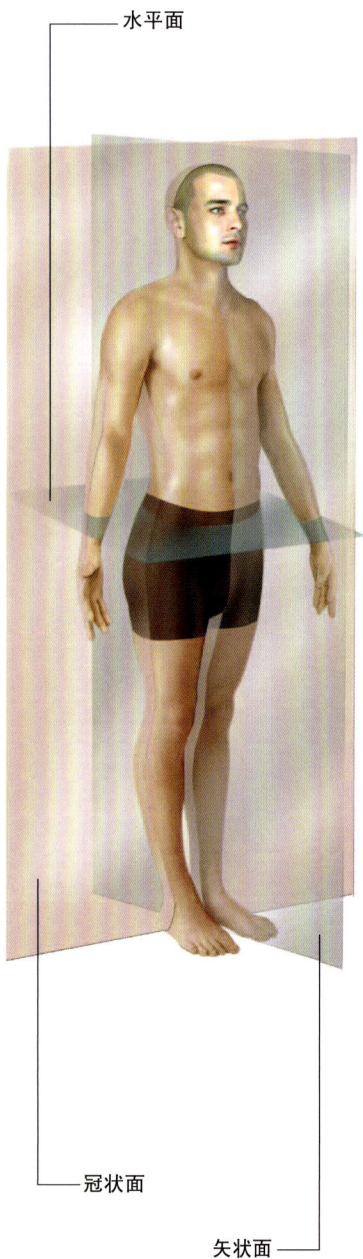

水平面

冠状面

矢状面

冠状面

这个平面将身体分为正面和背面两部分，身体外展、内收、侧屈等动作都在这个平面上发生。

外展： 这个动作是将上肢或下肢向远离身体中轴线的方向伸展。这种远离在个体做动作时必被感知。当我们向一侧举起一只胳膊来拦出租车时，我们在使用肩关节外展。

内收： 这个动作与外展相反，它发生在我们将上肢或下肢向身体中轴线靠近时。当出租车司机看到我们时，我们就放下伸出的胳膊并使其回到贴近身体的位置，这就是在做肩关节内收。

侧屈： 从正面看，这个动作是将头或躯干低向一侧。当坐着打瞌睡时，我们的头会垂向一侧，这就能对颈部做侧向弯曲。

矢状面

这个平面将身体分为左侧和右侧两部分。在这个平面上我们必须分辨的动作包括弯曲、伸展、前向拉伸以及后向拉伸。

外展

内收

侧屈

屈曲：这个动作是指相对身体中轴线向前移动身体的一部分。有一些例外情况，例如膝盖是向后弯曲的。

屈曲

伸展

前摆

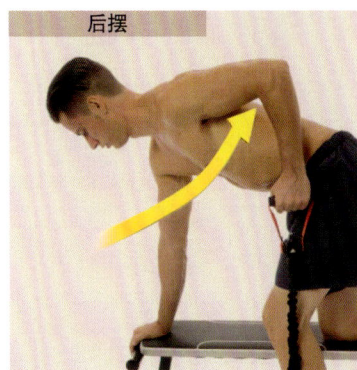

后摆

如图中的训练者所做的示范，膝关节的这个动作从侧面更容易看清。如果我从站立姿势到坐在扶手椅上，并保持膝盖在躯干前方，那么我就在做髋关节屈曲。

伸展：这个动作是相对身体中轴线向后移动身体的一部分。与上一个关于膝关节的动作相比，在此处膝关节的动作是相反的。可以考虑系领带的动作，当我们打好领结并放松胳膊让它们沿身体下垂时，我们就在做肘关节伸展。

前摆：这个动作相当于屈曲，但仅适用于肩关节运动。

后摆：这个动作相当于伸展，但仅适用于肩关节运动。

水平面

这个平面将身体分为上部和下部两部分。这个平面里的动作包括外旋、内旋、旋前和旋后。

外旋：这个动作是沿水平中心轴移动身体的一部分。如果我们从站姿开始决定向外移动脚尖，形成企鹅站姿，我们就在做髋关节外旋，脚会跟着自己的水平轴转动。

内旋：这个动作发生在我们将身体的一部分向水平中心轴靠近时。如果我们用企鹅站姿站累了，决定将脚尖向内移动，换言之，并拢脚尖，我们就在做髋关节内旋。

向内翻转：这个动作是通过

外旋和内旋

向内翻转

向外翻转

竖起手掌来旋转前臂。当我们抓紧自行车的车把时，我们的手就在做向内翻转动作。

向外翻转：这个动作也是通过竖起手掌来旋转前臂。当我们付款后用手接住找回的零钱时，我们的手就在做向外翻转动作，这时手掌朝上用来接住硬币。

胸部

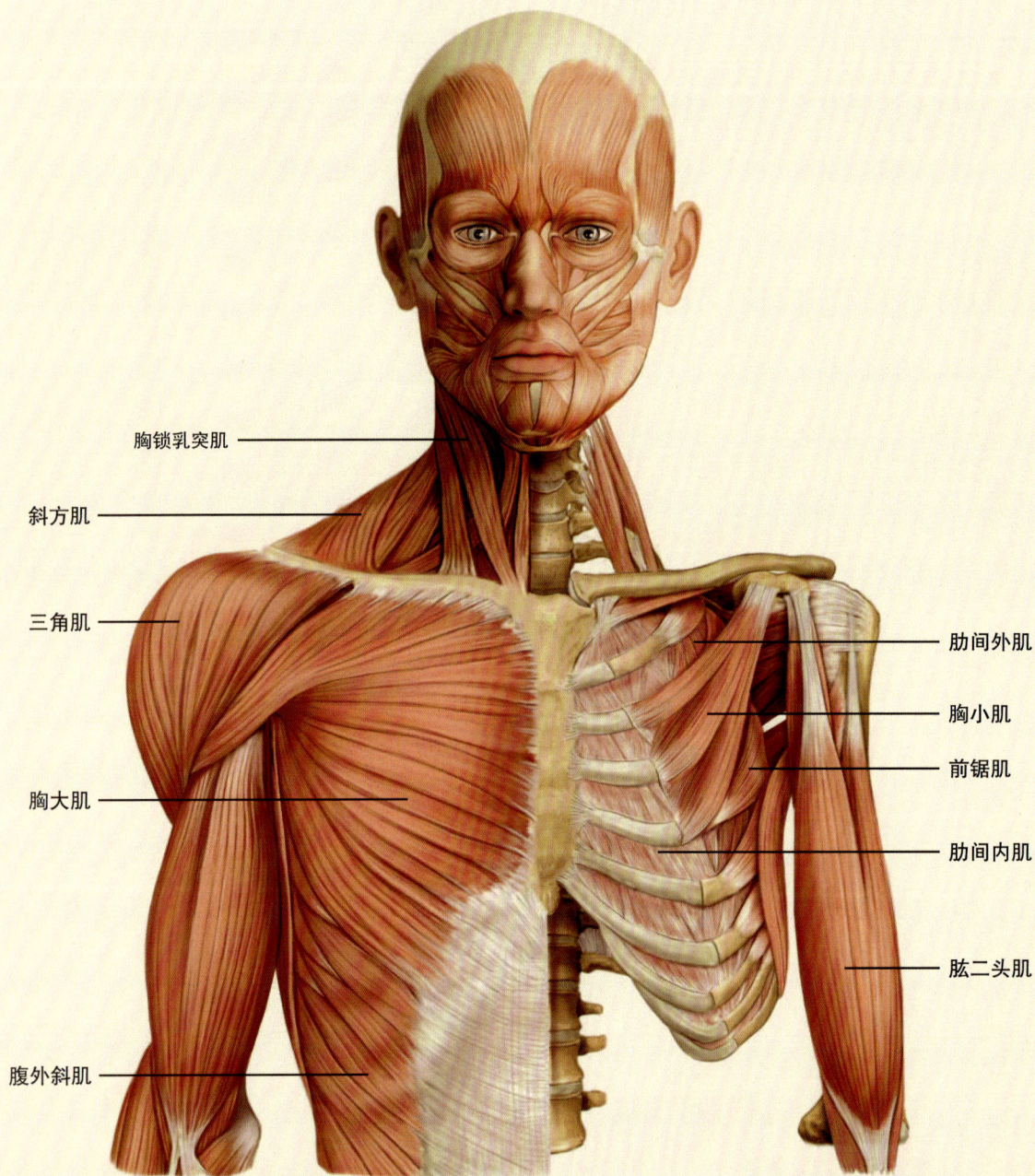

胸锁乳突肌

斜方肌

三角肌

胸大肌

腹外斜肌

肋间外肌

胸小肌

前锯肌

肋间内肌

肱二头肌

胸

部是躯干的前部所在的位置。这一区域中最大也最有力量的肌肉是胸大肌。胸部还有其他肌肉，如前锯肌和肋间肌。虽然我们在健身时并不重视对这些肌肉的锻炼，但我们仍然不能忽视它们。

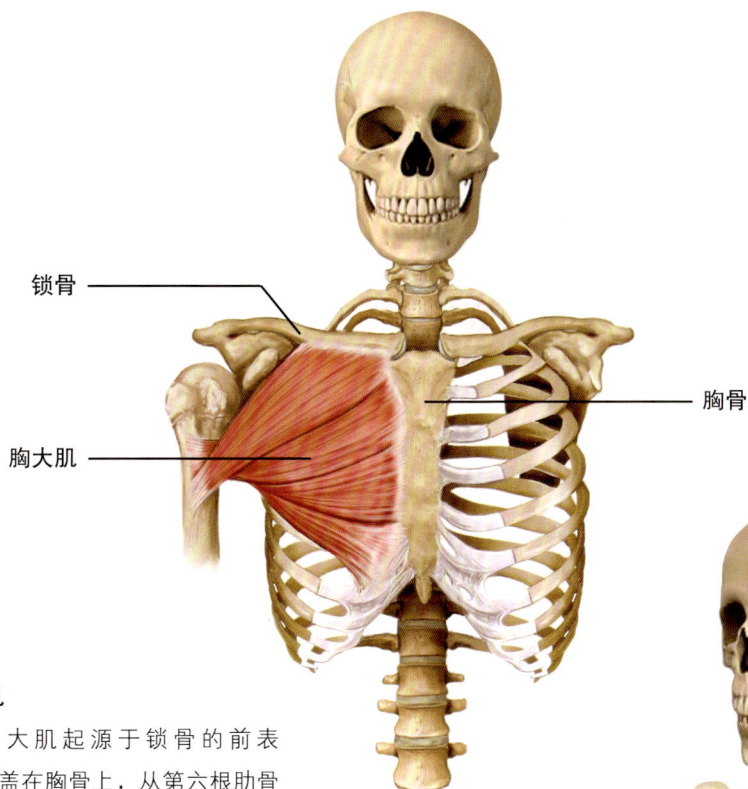

锁骨

胸大肌

胸骨

胸小肌

胸大肌

胸大肌起源于锁骨的前表面，覆盖在胸骨上，从第六根肋骨上方开始，向外斜上方聚合为一根肌腱，并最终止于肱骨大结节嵴。胸大肌使肩关节水平屈曲、内收和内旋，被广泛应用在球拍运动、手球、回力球、投掷类运动、柔道和其他格斗运动中。

胸小肌

胸小肌起源于第三根至第五根肋骨的前表面，最终止于肩胛骨喙突隆起处。胸小肌可使肩关节水平屈曲和旋转，有助于用拳头推动或攻击的活动，例如用在诸如拳击和柔道之类的运动中。

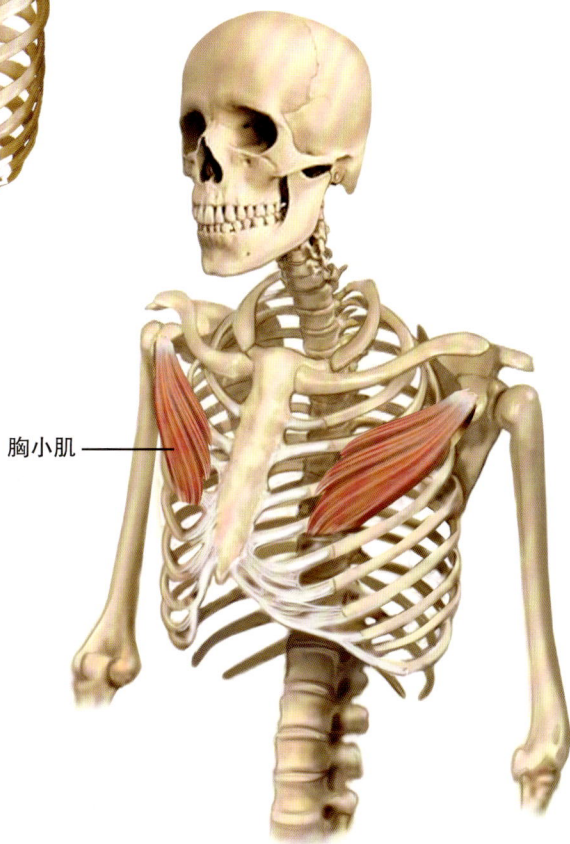

起始姿势： 手持一对哑铃，坐在倾斜的椅子上，垂直向上推哑铃并超过头顶，然后弯曲肘部将哑铃放低下来。

训练要点： 当推举哑铃达到最高处时，保持胸肌收缩。在举起和放低哑铃时，始终遵循同样的轨迹。

动作等级： 中级和高级。

肌肉激活程度

胸肌 ■

三角肌前束
和肱三头肌 ●

冈下肌 ✖

背阔肌 ▲

保持脊柱的自然
弧度，控制上肢
运动速度

STOP　需避免的常见错误
座椅的倾斜角度不要过大。

⚠ **注意事项**
不要将哑铃放得过低，因为这样会压迫肩关节。

变式训练

开始

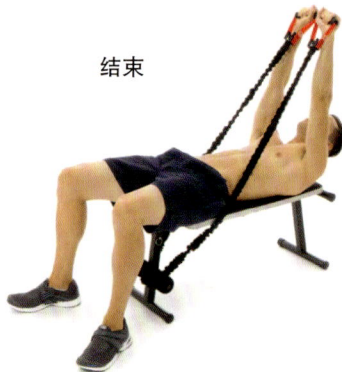

结束

肘部微微弯曲

背阔肌

肩胛骨周围的肌肉

三角肌前束和肱三头肌

胸肌

肌肉激活程度

变式训练

开始

结束

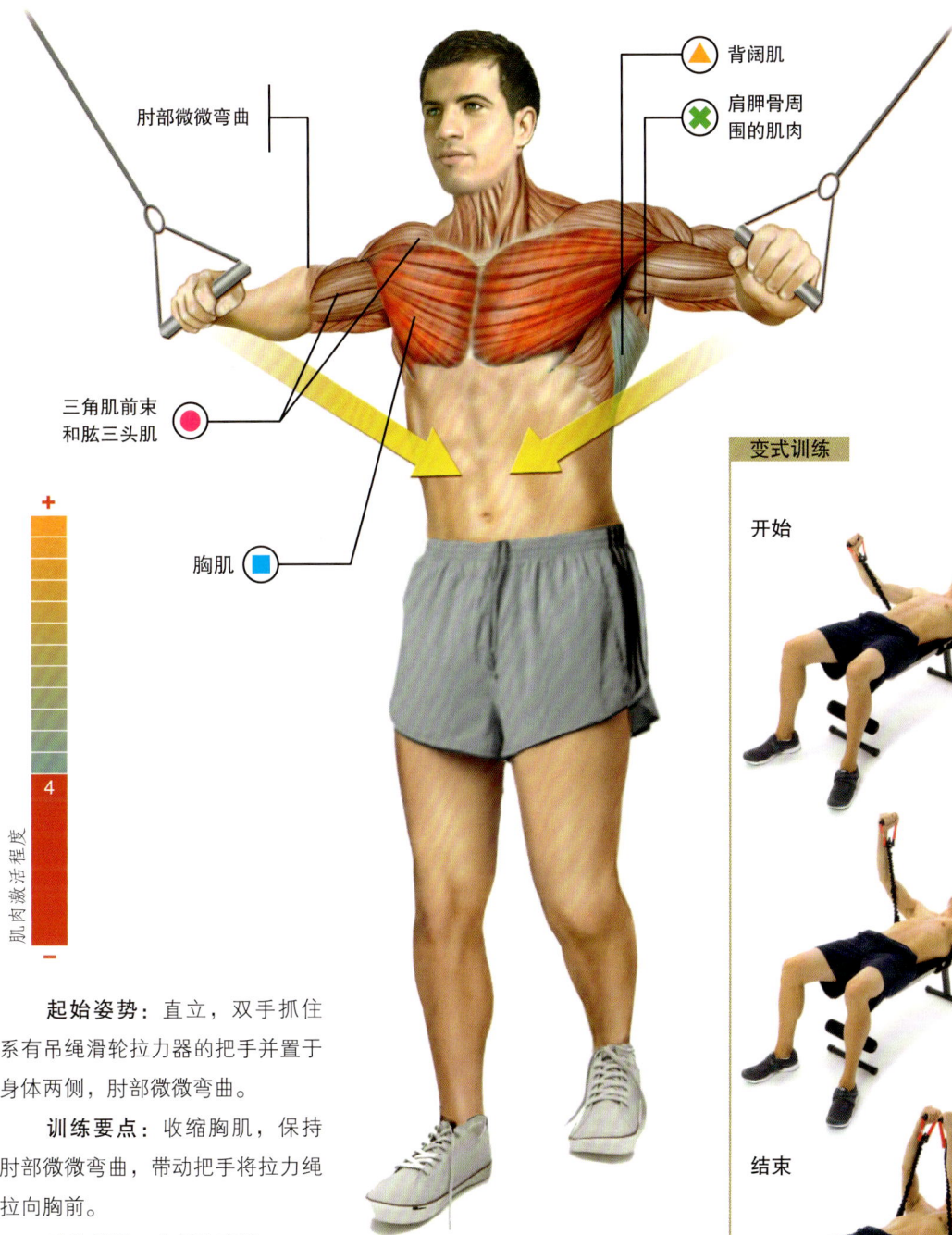

起始姿势： 直立，双手抓住系有吊绳滑轮拉力器的把手并置于身体两侧，肘部微微弯曲。

训练要点： 收缩胸肌，保持肘部微微弯曲，带动把手将拉力绳拉向胸前。

动作等级： 中级和高级。

STOP 需避免的常见错误

保持腰椎自然弯曲。

⚠ **注意事项**

保持动作平稳且可控。

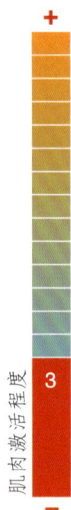

肌肉激活程度

起始姿势： 手持两只哑铃，躺在平放的椅子上，掌心相对，从中胸上方抓住哑铃开始上推，直至双臂几乎完全伸展（但不需要完全伸直）。

训练要点： 将哑铃降至与胸同高位置，短暂停顿后回到起始位置。

动作等级： 初级、中级和高级。

短暂停顿并集中精力在双臂上，沿弧线将双臂移向躯干中部

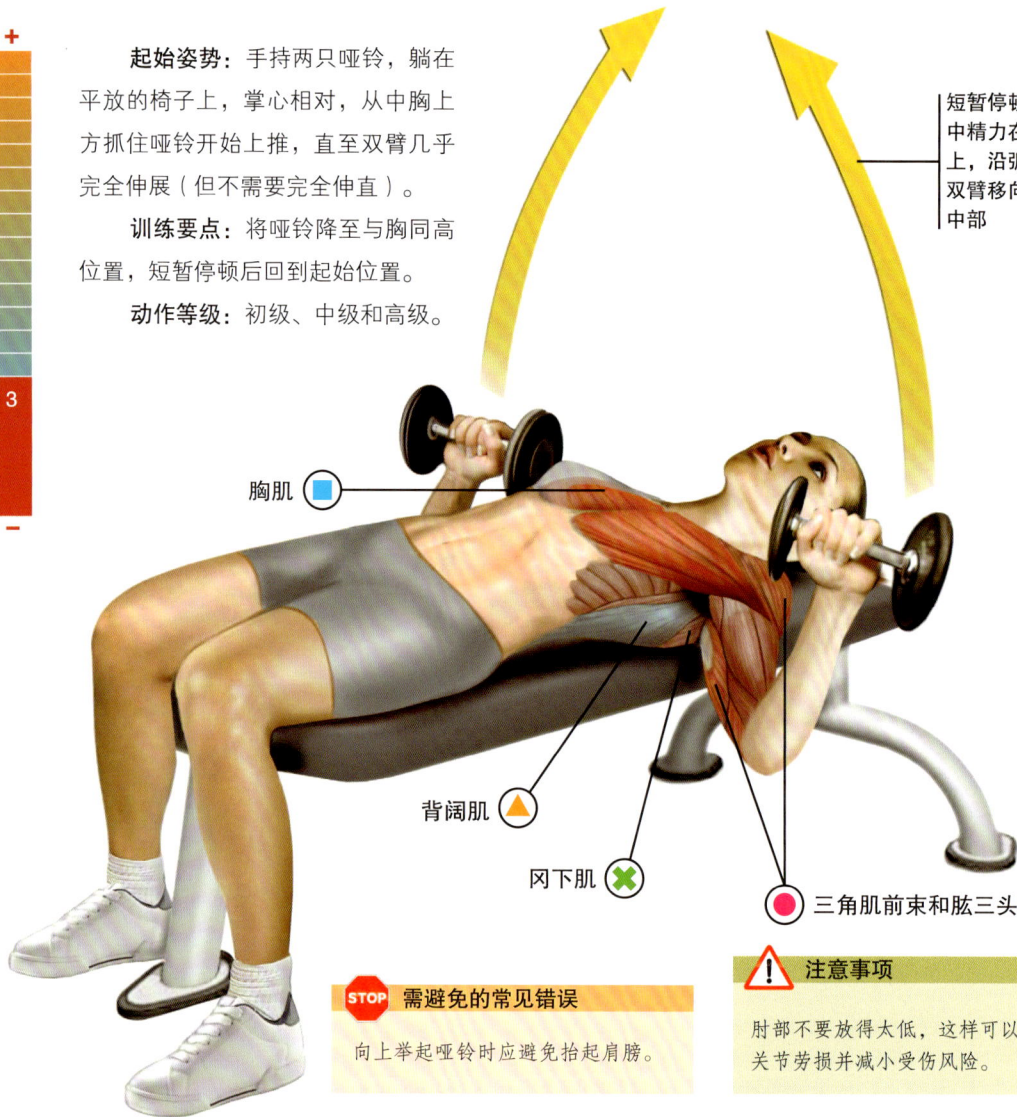

胸肌 ■

背阔肌 ▲

冈下肌 ✖

● 三角肌前束和肱三头肌

🛑 **需避免的常见错误**

向上举起哑铃时应避免抬起肩膀。

⚠ **注意事项**

肘部不要放得太低，这样可以避免肩关节劳损并减小受伤风险。

变式训练

开始

结束

起始姿势：躺在平放的椅子上，两手比肩略宽，握住杠铃后举起，使之离开支撑架。

训练要点：将杠铃慢慢放低至胸前，待前臂与地面垂直时停住，然后回到起始位置。

动作等级：中级和高级。

将双脚放在脚档上，有助于保持脊柱处于正确位置

胸肌 🟦

背阔肌 🔺

冈下肌 ❎

三角肌前束和肱三头肌 🔴

肌肉激活程度

+

4

−

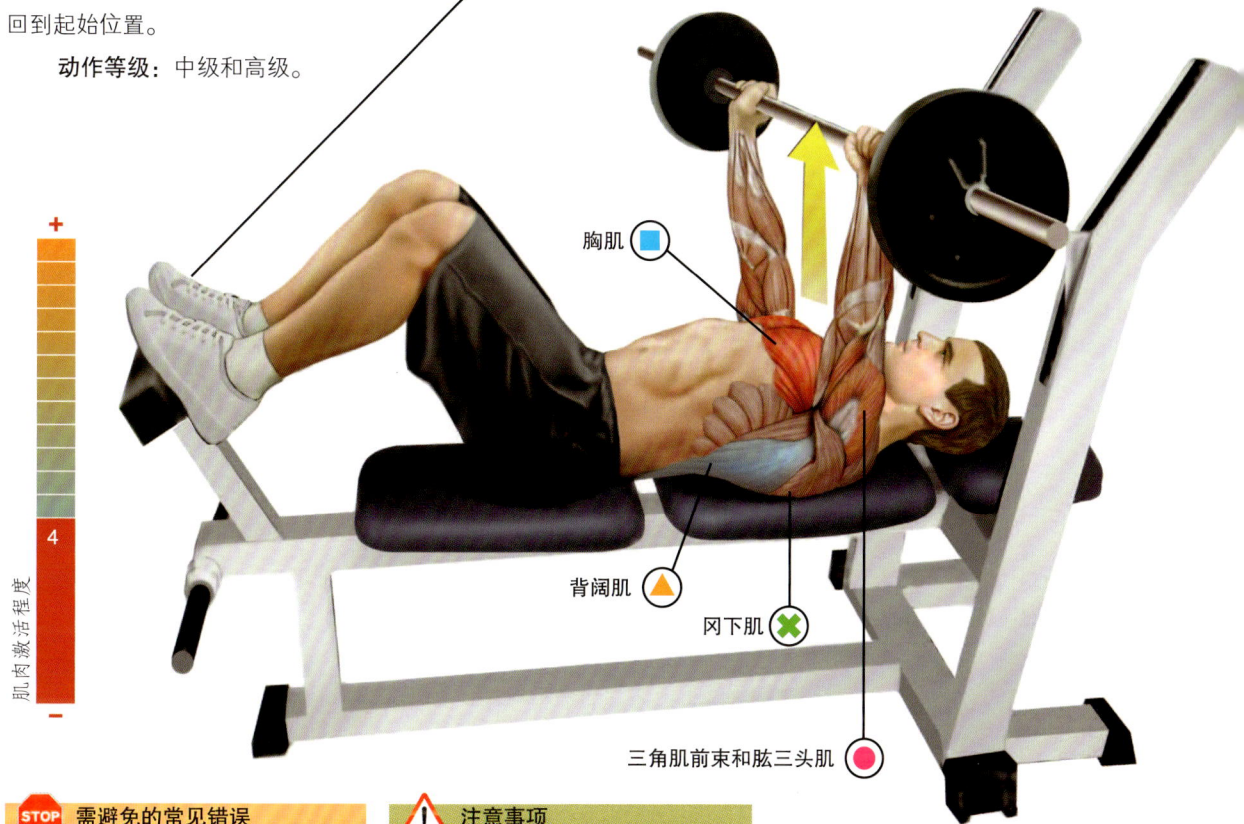

🛑 **需避免的常见错误**

不应仅仅关注举起很大的重量。

⚠️ **注意事项**

保持脊柱自然弯曲。

变式训练

开始

结束

背阔肌 ▲

冈下肌 ✖

身体下降
至肩部比
肘部略低

起始姿势：选取一个位置抓住双杠，撑起躯干，但不要完全伸直肘关节。

训练要点：屈肘关节，躯干向下运动直至上臂与双杠平行，躯干微微前倾。

动作等级：高级。

胸肌

肌肉激活程度

3

STOP 需避免的常见错误

不可仅移动很小的距离。

⚠ 注意事项

双杠间距必须恰当，如果相距太远，胸肌与肱骨连接处会承受较大的受伤风险。

变式训练

开始　　　　　　　　　　　　　　　　　　结束

肌肉激活程度

+

2

−

三角肌前束和肱三头肌

胸肌

放低哑铃直至感到胸肌和三角肌受到轻微的拉伸

冈下肌

背阔肌

起始姿势：坐在向上倾斜的椅子上，手持哑铃位于胸部正上方。

训练要点：保持肘关节微微弯曲，将哑铃向外侧方向放低至与胸同高位置，然后反向运动。

动作等级：高级。

STOP **需避免的常见错误**

不可将肘关节降得太低。

⚠ **注意事项**

选择与对应的动作重复次数相适合的哑铃重量。

变式训练

开始

结束

肌肉激活程度

将精力集中在双臂的移动上，沿弧线将双臂移向躯干中部

胸肌 ■

三角肌前束和肱二头肌 ●

背阔肌 ▲

冈下肌 ✗

起始姿势：躺在平放的椅子上，抓住哑铃置于胸肌上方。

训练要点：保持肘关节微微弯曲，将哑铃向外侧方向放低至与胸同高位置。

动作等级：高级。

🛑 **需避免的常见错误**

不可将肘关节降得太低。

⚠ **注意事项**

在你完全掌握训练技巧之前，避免使用较大的哑铃重量。

变式训练

开始

结束

起始姿势： 坐在倾斜的椅子上，两手比肩略宽，握住杠铃后举起，保持手臂伸直。

训练要点： 将杠铃慢慢放低至胸前上部（锁骨与胸骨相接处），然后回到起始位置。

动作等级： 高级。

STOP 需避免的常见错误

座椅的倾斜角度不要过大，不超过40°。

肌肉激活程度

+

3

–

三角肌前束和肱三头肌

胸肌

抬起胸部，保持肩关节向后靠，记住保持但不刻意使脊柱自然弯曲

冈下肌

背阔肌

⚠ 注意事项

保持肩胛骨靠在椅背上。

变式训练

开始

结束

起始姿势：躺在向下倾斜的椅子上，握住杠铃置于胸部上方。

训练要点：将杠铃慢慢放低至胸前下部，短暂停顿后将杠铃举起到起始位置。

动作等级：高级。

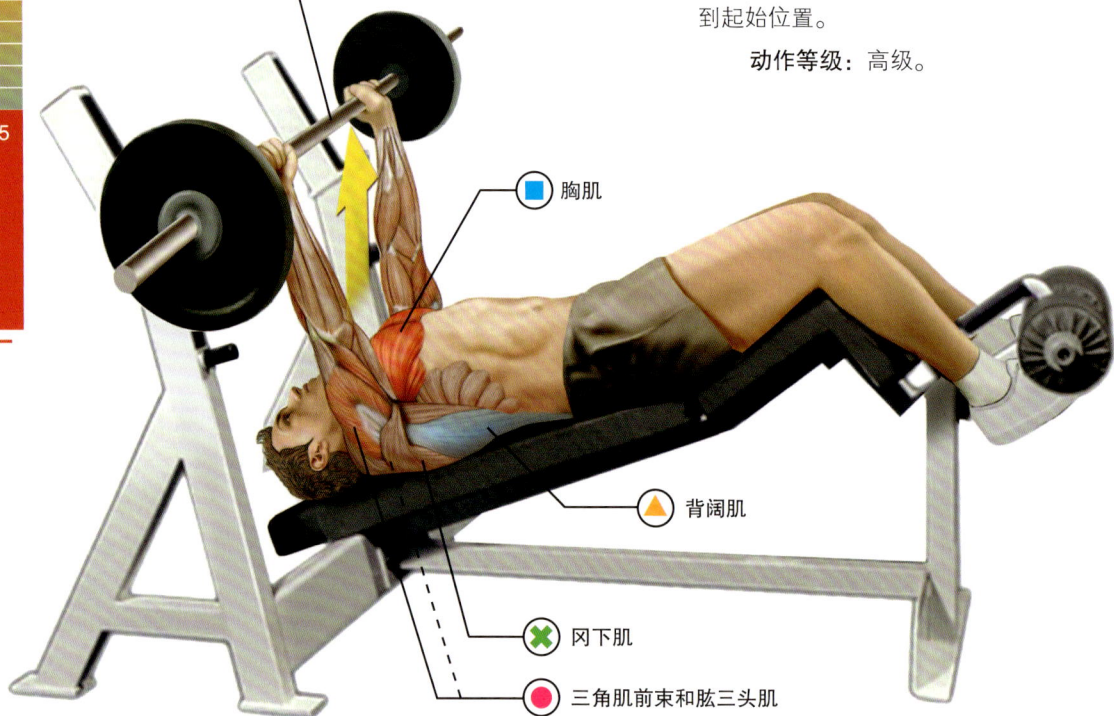

在每个动作末尾作短暂停顿，但休息时不要将杠铃停在胸前

■ 胸肌

▲ 背阔肌

✖ 冈下肌

● 三角肌前束和肱三头肌

肌肉激活程度

+
5
−

🛑 **需避免的常见错误**

不要让臀部离开座椅。

⚠️ **注意事项**

不要将杠铃放低到你的颈部，因为这会增加损伤肩关节的风险。

变式训练

开始　　　　　　　　　　　　　　　　　　　　结束

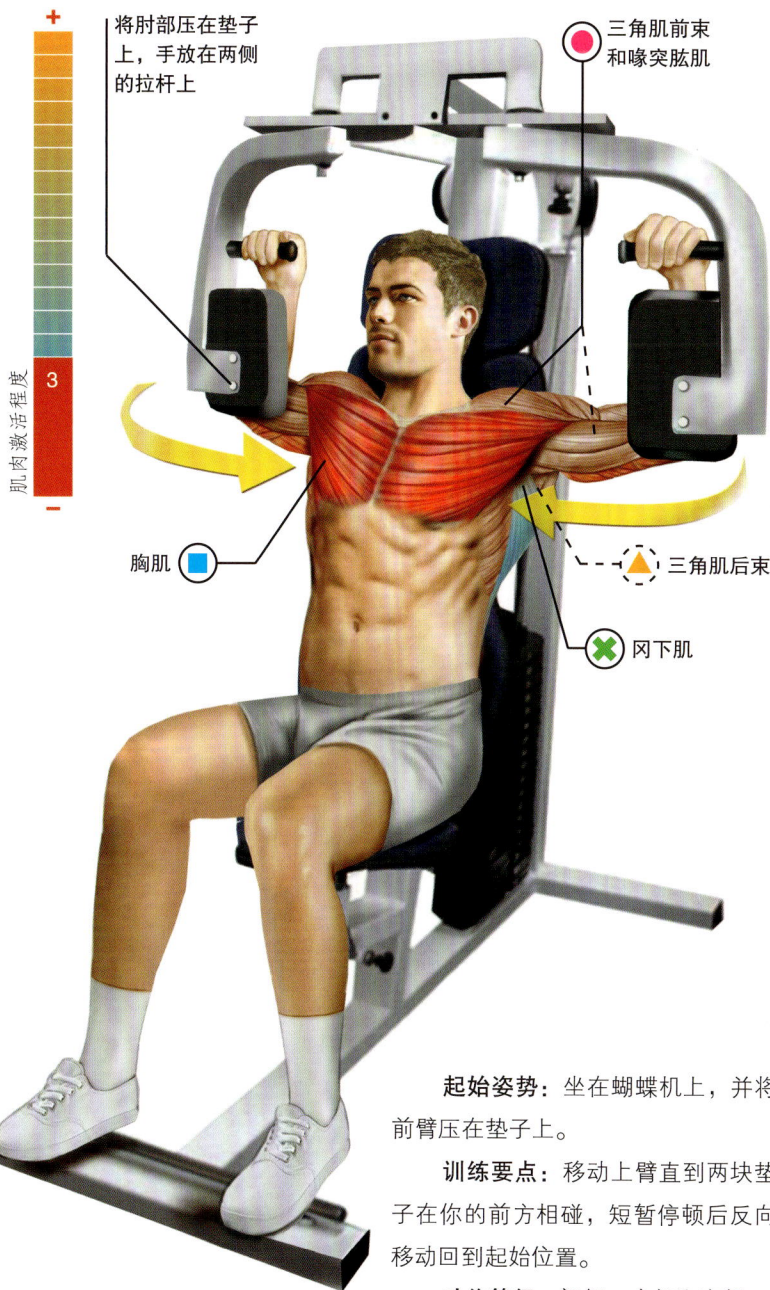

肌肉激活程度

将肘部压在垫子上，手放在两侧的拉杆上

三角肌前束和喙突肱肌

胸肌 ▪

三角肌后束 ▲

❌ 冈下肌

开始

结束

起始姿势：坐在蝴蝶机上，并将前臂压在垫子上。

训练要点：移动上臂直到两块垫子在你的前方相碰，短暂停顿后反向移动回到起始位置。

动作等级：初级、中级和高级。

STOP 需避免的常见错误

避免肘部在手臂移动过程中脱离垫子。

⚠ **注意事项**

不要抬高你的髋关节，或用手施加过大的压力。

肌肉激活程度

+

2

−

控制速度

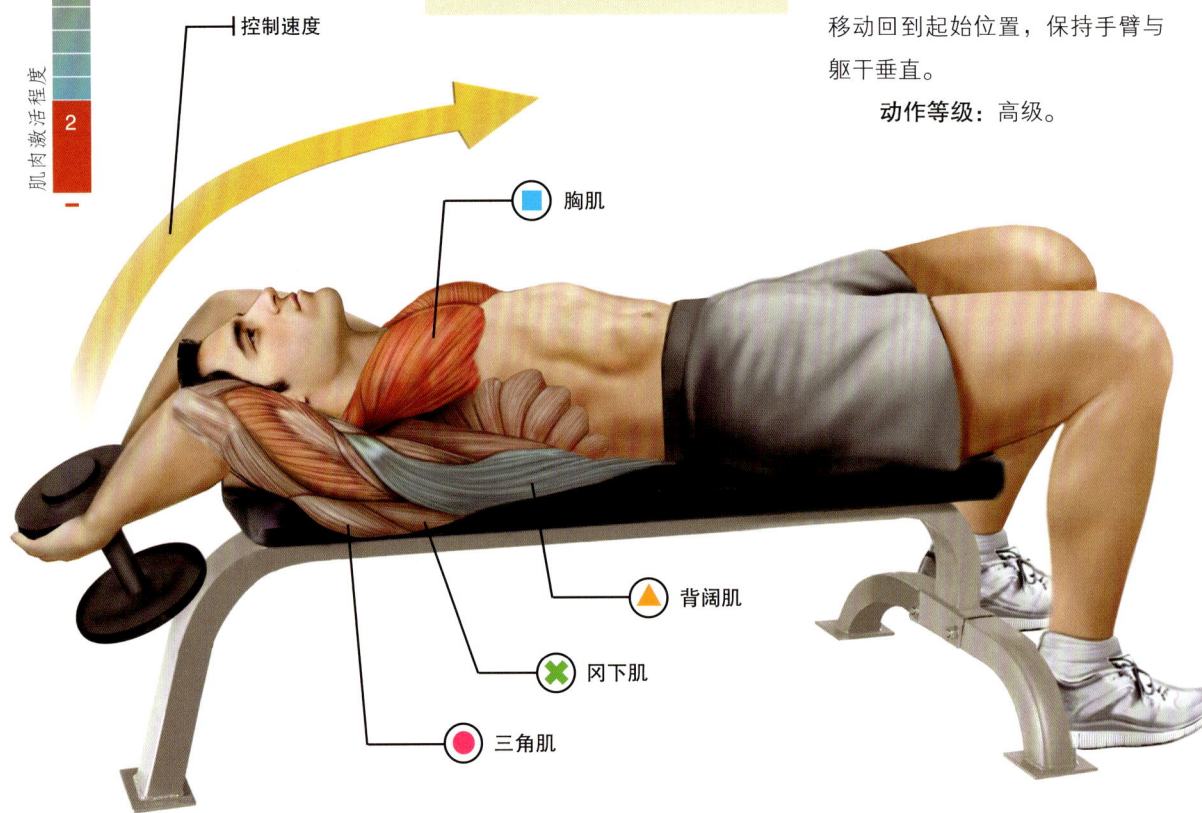

🛑 **STOP** 需避免的常见错误

避免伸展肘关节，而应伸展肩关节。

⚠️ 注意事项

在放低和开始举起哑铃时不要过分弓起背部，尤其是腰部。

起始姿势： 躺在平放的椅子上，双手握住一只哑铃置于胸部上方，保持肘关节微微弯曲。

训练要点： 缓慢地沿弧线拉低哑铃至头部后方，直至手臂与地面平行，并与躯干在同一水平线上。然后通过举起哑铃作反向移动回到起始位置，保持手臂与躯干垂直。

动作等级： 高级。

🟦 胸肌

🔺 背阔肌

❌ 冈下肌

🔴 三角肌

变式训练

开始

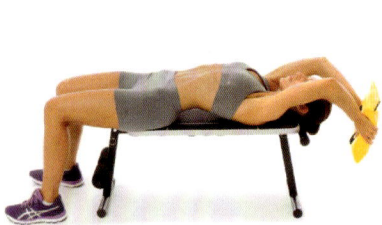

结束

肌肉激活程度

胸肌

三角肌前束

肱三头肌

冈下肌

背阔肌

挺胸，肩关节向后靠，保持脊柱自然弯曲

开始

结束

起始姿势：坐在胸压机上，保持肩关节水平后展，靠在靠垫上，手臂与地面平行。

训练要点：缓慢匀速地同时抬起双臂，向前伸直肘关节，保持肘关节恰好在肩关节下面。当肘关节完全伸展后，避免锁死关节，短暂停顿后缓慢回到起始位置。

动作等级：初级、中级和高级。

🛑 **需避免的常见错误**

保持肩胛骨向后压在靠垫上。

⚠️ **注意事项**

避免用头部按压靠垫和用颈部施加压力。

背部

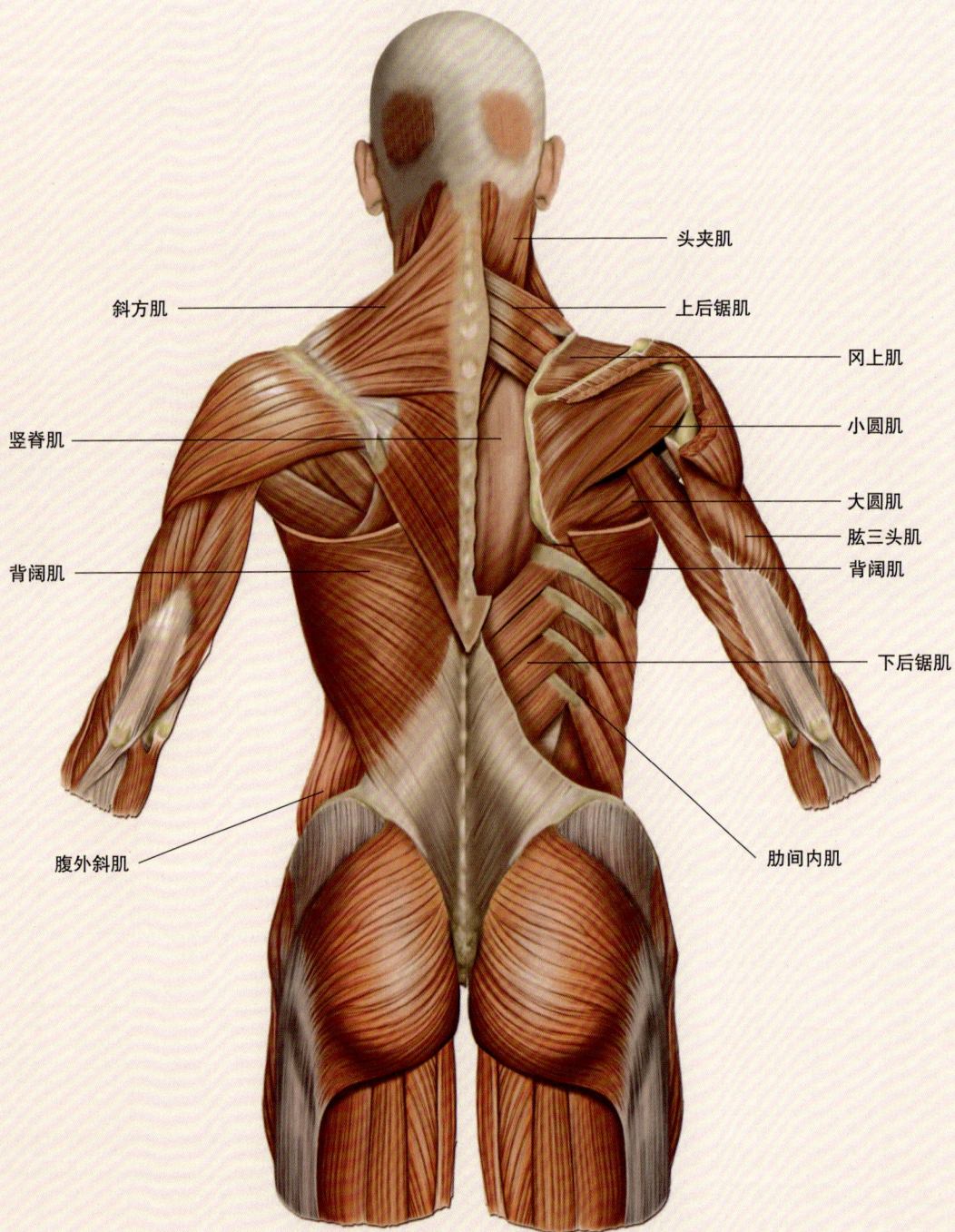

斜方肌

竖脊肌

背阔肌

腹外斜肌

头夹肌

上后锯肌

冈上肌

小圆肌

大圆肌

肱三头肌

背阔肌

下后锯肌

肋间内肌

背部包括了躯干的整个后面部分：两种很有力的肌肉，即背阔肌和斜方肌；其他一些小肌肉，如腹外斜肌、大圆肌、小圆肌、后锯肌、冈下肌、冈上肌及竖脊肌等。很多健身者较少关注背部肌肉，因为与胸肌和肱二头肌相比这些肌肉很不明显。这是错误的做法，因为背部肌肉对于平衡身体和保持较好姿势很重要。

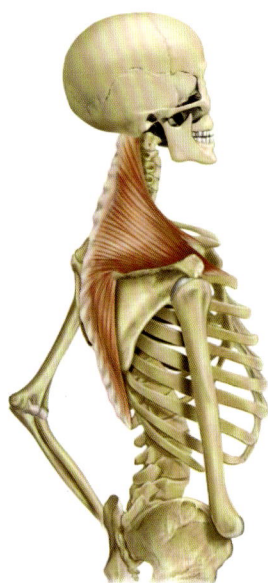

斜方肌

这块肌肉出现在枕骨和颈椎及全部胸椎的棘突处，并止于肩峰和肩胛骨中。斜方肌有多种功能，因为它的上束纤维可抬高肩胛骨，中束纤维可内收肩胛骨，最里层的部分可抑制和内收肩胛骨。这块肌肉对诸如射箭、赛艇、古典式摔跤等之类的运动有帮助。

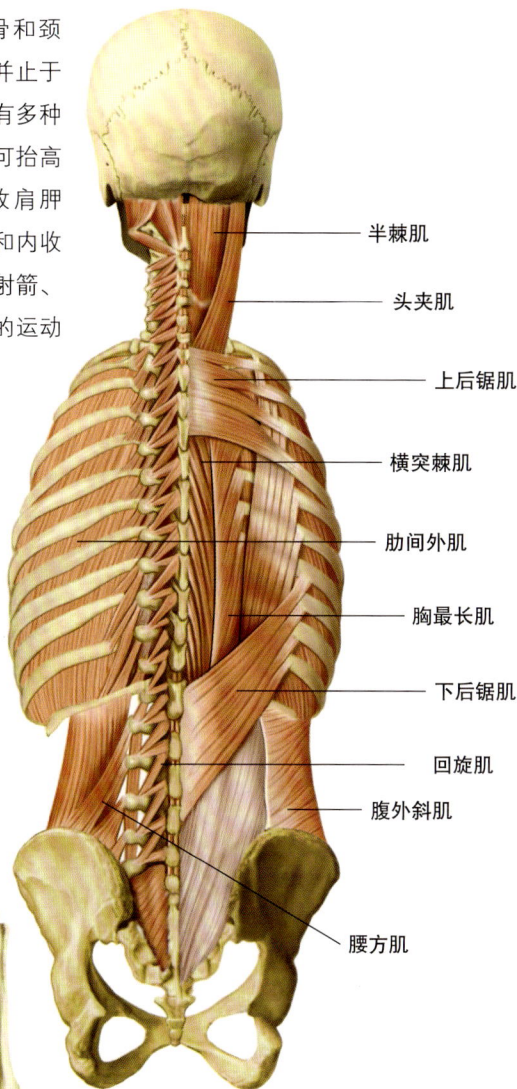

背阔肌

这块肌肉起于T6至L5这段的脊柱和骶骨，并与髂嵴后部相连，止于上肋骨。它构成了肩部下方宽广的背部，作用就是伸展这些部位。它在攀爬、划船、游泳、柔道等运动中被较多地用到，被公认是攀爬肌肉之一。

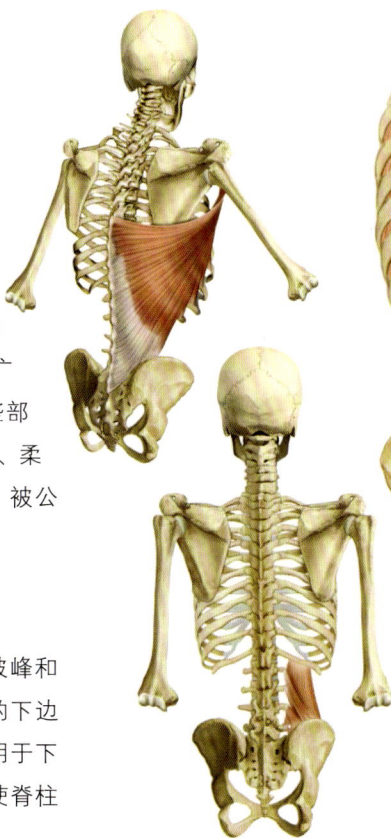

腰方肌

这块肌肉起于髂骨（波峰和内缘），止于第12根肋骨的下边缘和椎骨L1至L4的横突，用于下降和固定第12根肋骨，并使脊柱侧屈和后伸。

- 半棘肌
- 头夹肌
- 上后锯肌
- 横突棘肌
- 肋间外肌
- 胸最长肌
- 下后锯肌
- 回旋肌
- 腹外斜肌
- 腰方肌

起始姿势: 直立,双手各拿一只哑铃并垂在体侧。

训练要点: 尽可能地向上耸肩,保持几秒钟的肌肉收缩,然后放低哑铃回到起始位置。

动作等级: 初级、中级和高级。

肩胛带肌肉 ●

为获得最佳效果,在肌肉最大收缩时保持两秒钟

斜方肌 ■

斜方肌 ✖

背阔肌 ▲

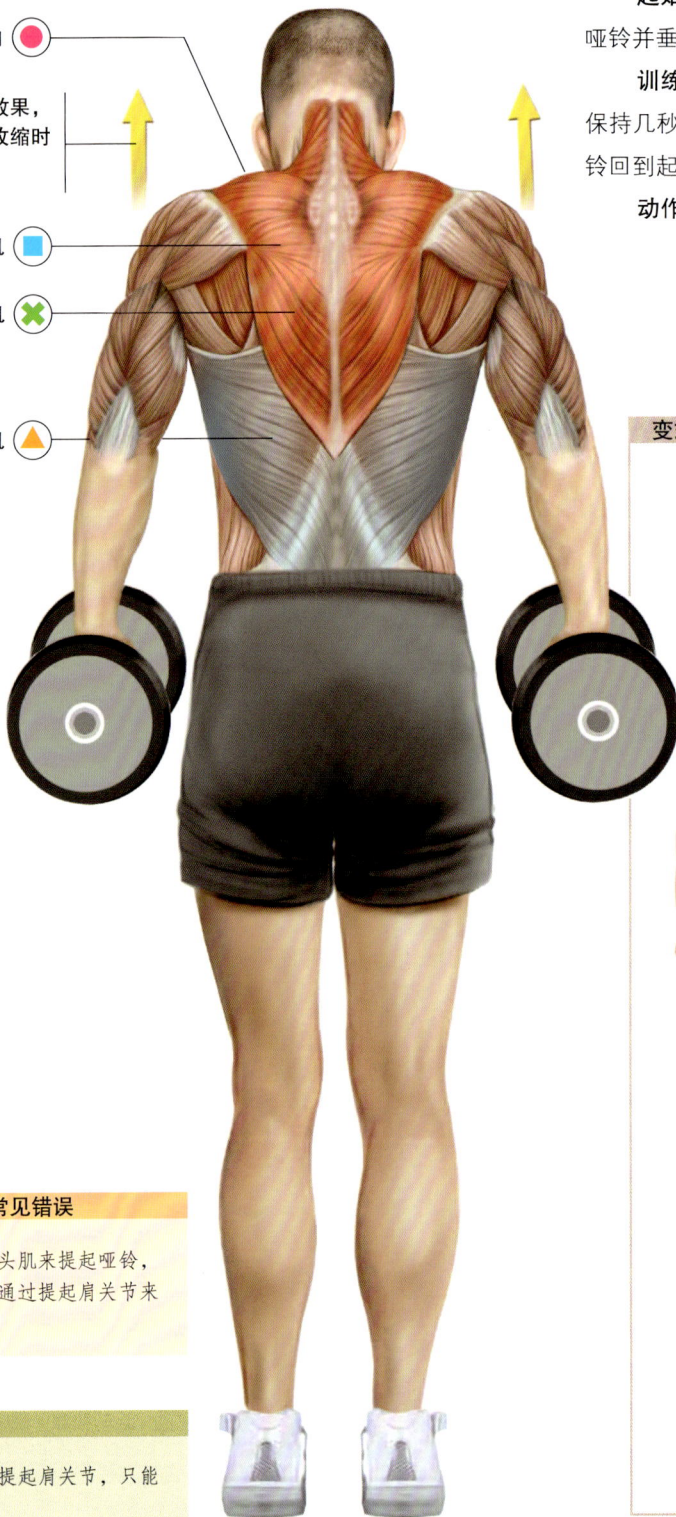

肌肉激活程度

6

变式训练

开始

结束

STOP **需避免的常见错误**

应避免使用肱二头肌来提起哑铃,因为移动哑铃应通过提起肩关节来完成。

⚠ **注意事项**

不要向前或向后提起肩关节,只能向上。

肌肉激活程度

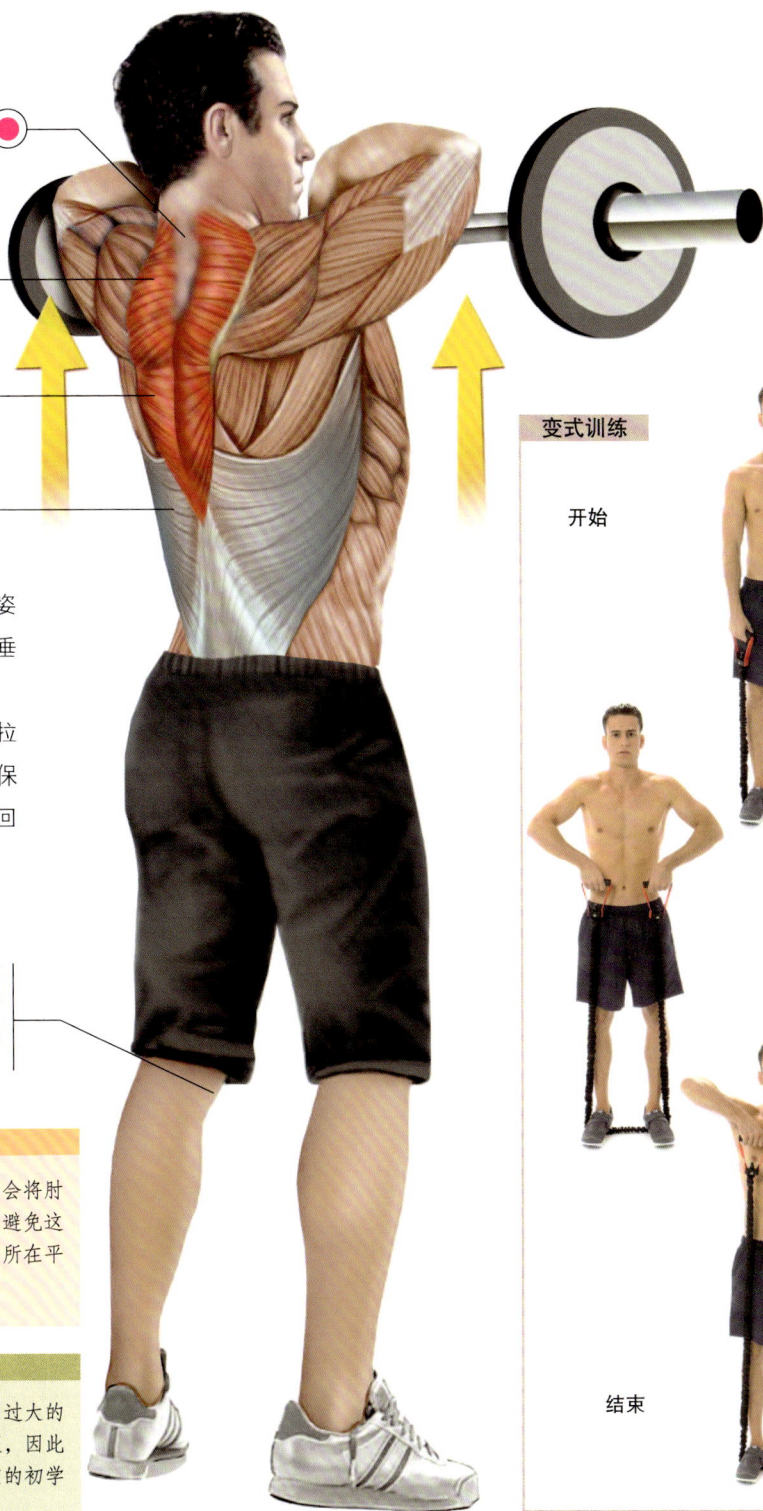

肩胛带肌肉 ●

斜方肌 ■

斜方肌 ✖

背阔肌 ▲

起始姿势：采用正握姿势，两手与肩同宽，向下垂放抓住杠铃。

训练要点：垂直向上拉杠铃，直至其到达下颌，保持两秒钟，然后放低杠铃回到起始位置。

动作等级：高级。

保持膝关节微微弯曲，尽量不要让脊柱用力，这样可以避免背部损伤

STOP 需避免的常见错误

初次做这个练习的健身者通常会将肘关节放在手所在平面以下。需避免这个错误，应该将肘关节放在手所在平面之上。

⚠ 注意事项

在做杠铃直立划船动作时使用过大的重量会引起肩关节的一些问题，因此应控制重量，尤其是对于举重的初学者来说更应如此。

变式训练

开始

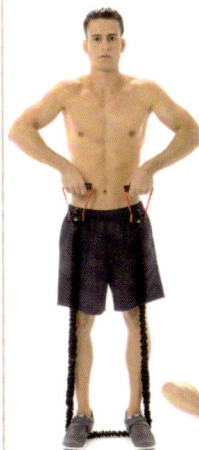

结束

肌肉激活程度

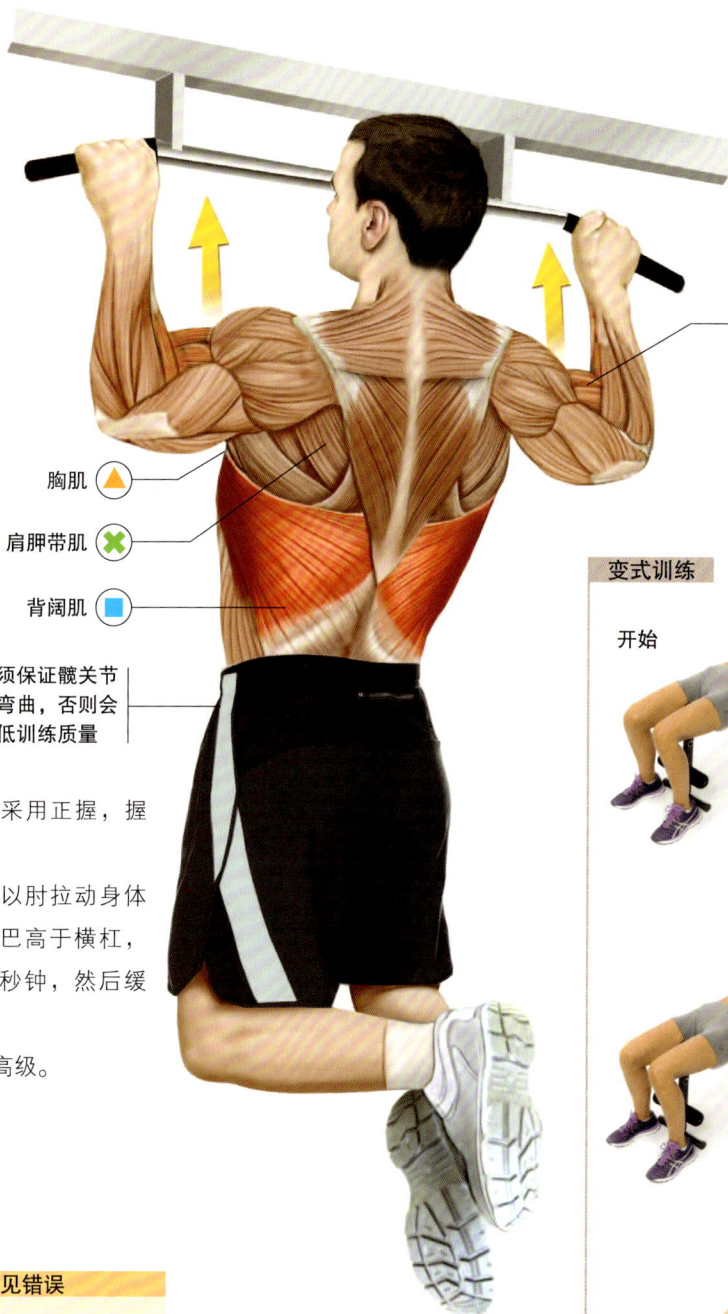

肱二头肌

胸肌

肩胛带肌

背阔肌

必须保证髋关节
不弯曲，否则会
降低训练质量

起始姿势：采用正握，握距大于肩宽。

训练要点：以肘拉动身体上移，上拉至下巴高于横杠，在最高点保持两秒钟，然后缓慢向下归位。

动作等级：高级。

STOP 需避免的常见错误

上拉身体时避免用力过度。

⚠ 注意事项

应缓慢放低身体，避免突然晃动，否则对肩关节有坏处。

变式训练

开始

结束

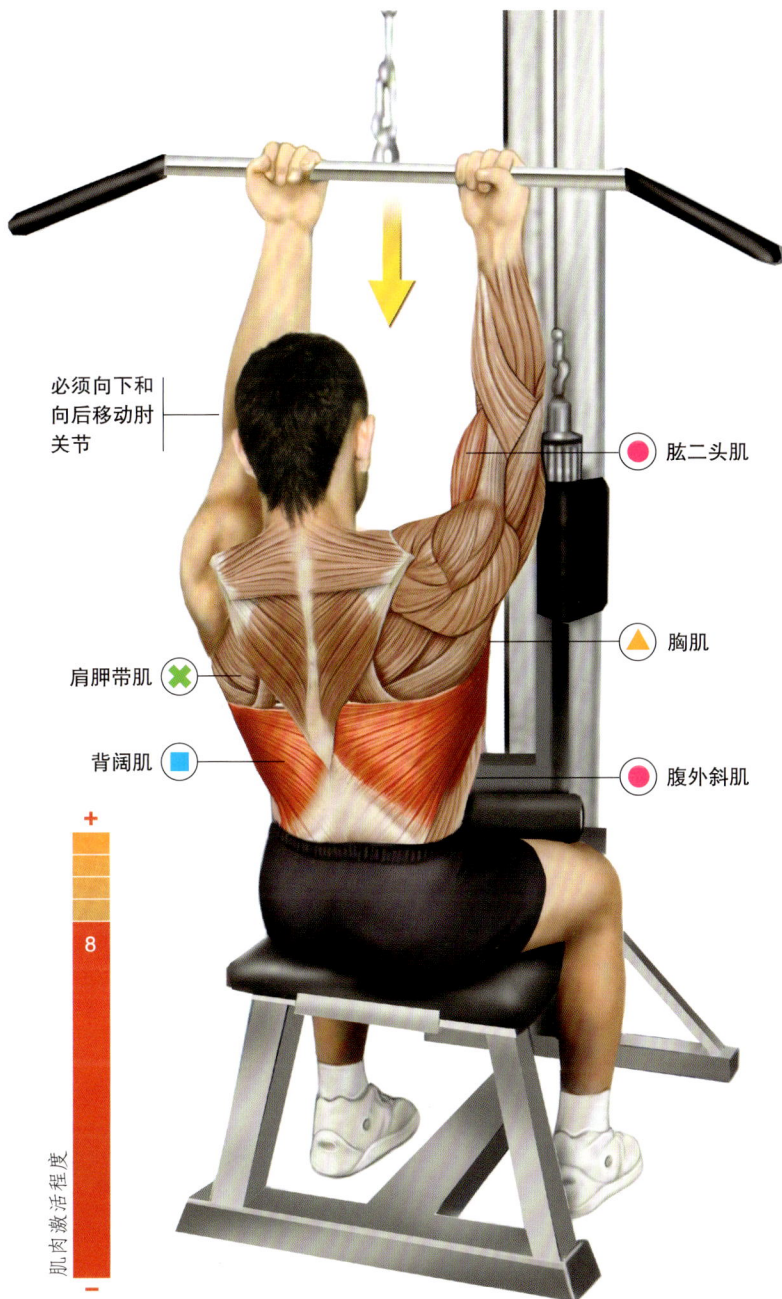

起始姿势：端坐在练习器上，反握杠，握距为一脚宽（30厘米）。膝关节稳定压在支撑腿上。

训练要点：将杠下拉至胸部上方，身体倾斜不超过30°。握杠保持两秒钟，然后回到起始位置。

动作等级：中级和高级。

必须向下和向后移动肘关节

肱二头肌

肩胛带肌

胸肌

背阔肌

腹外斜肌

肌肉激活程度

+

8

−

变式训练

开始

结束

STOP 需避免的常见错误

提肩和沉胸是常见的错误，应特别注意避免这些不当之处。

⚠ 注意事项

如果未使膝关节稳定，会引起脊柱区域疼痛并限制训练能力。

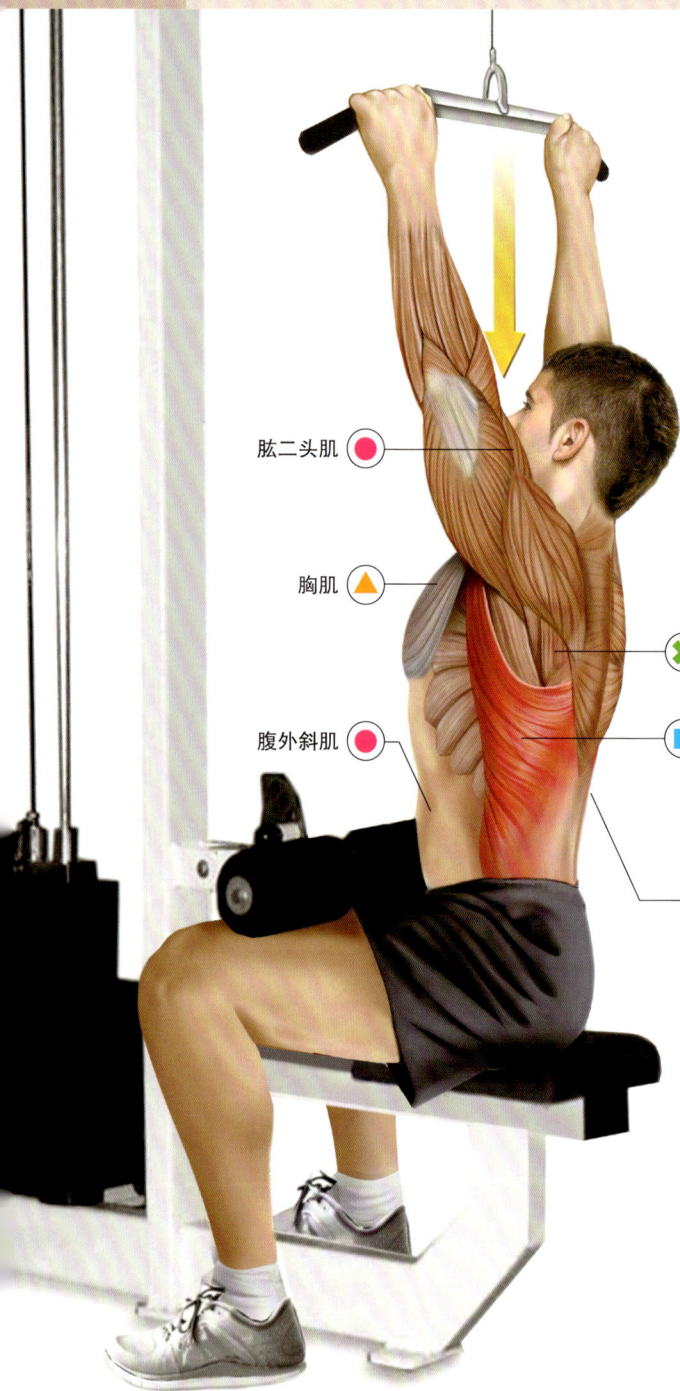

肱二头肌 ●

胸肌 ▲

腹外斜肌 ●

肩胛带肌 ✖

背阔肌 ■

不要通过
身体的倾
斜来下拉
重量

肌肉激活程度

+

7

−

起始姿势： 端坐在练习器上，正握杠，握距比肩略宽。谨记将双腿固定在练习器上。

训练要点： 将杠下拉至胸部上方，肩关节向下和向后移动。握杠保持两秒钟，然后回到起始位置。

动作等级： 中级和高级。

变式训练

开始

结束

🛑 **需避免的常见错误**

固定好双腿以避免抬胸。

⚠ **注意事项**

不要弯曲或伸展颈部。

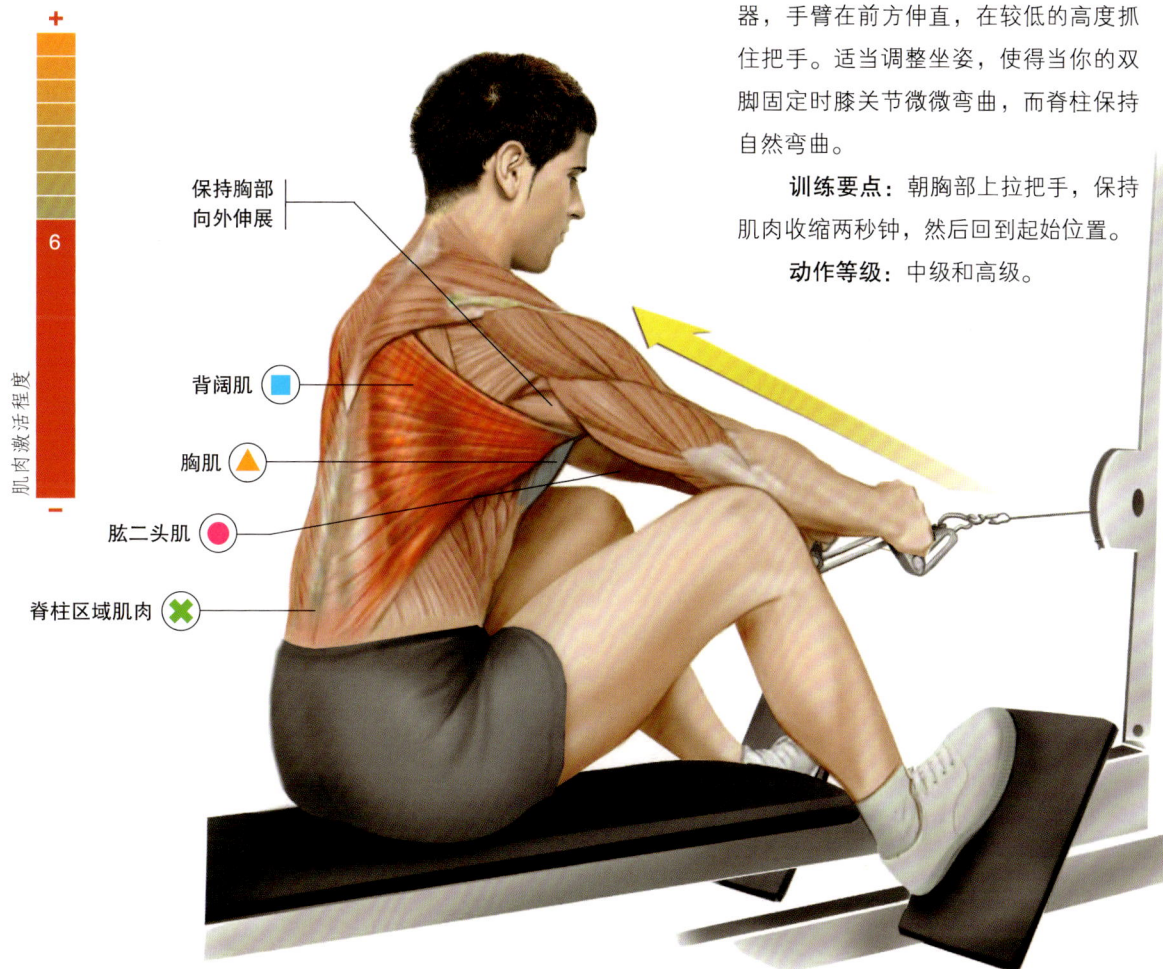

起始姿势： 坐在椅子上，面向拉力器，手臂在前方伸直，在较低的高度抓住把手。适当调整坐姿，使得当你的双脚固定时膝关节微微弯曲，而脊柱保持自然弯曲。

训练要点： 朝胸部上拉把手，保持肌肉收缩两秒钟，然后回到起始位置。

动作等级： 中级和高级。

肌肉激活程度

+
6
−

保持胸部
向外伸展

背阔肌 ■

胸肌 ▲

肱二头肌 ●

脊柱区域肌肉 ✖

🛑 需避免的常见错误

避免抬起肩关节。

⚠️ 注意事项

保持脊柱自然弯曲。

变式训练

开始

结束

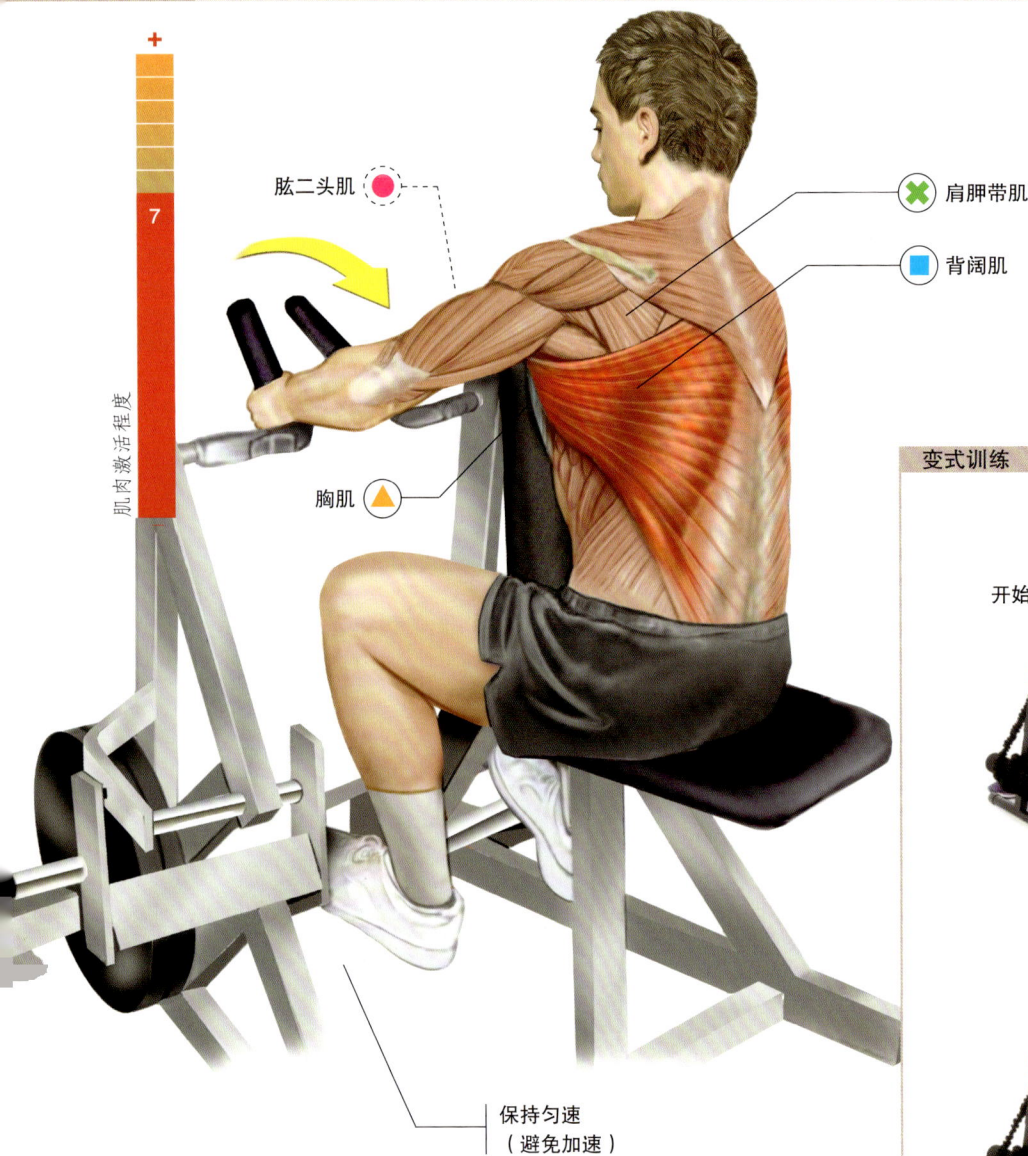

肌肉激活程度

7

肱二头肌 ●

胸肌 ▲

🗙 肩胛带肌

■ 背阔肌

保持匀速
（避免加速）

变式训练

开始

结束

起始姿势：调整座椅高度，使两手抓住把手时与胸同高。

训练要点：朝胸部上拉把手，短暂停顿，然后回到起始位置。

动作等级：初级、中级和高级。

🛑 需避免的常见错误

避免向下看或使下颌触到胸部，双目应直视前方。

⚠️ 注意事项

不能在支撑板上固定躯干，否则会对颈椎和脊柱造成压力。在整个练习过程中应保持胸部紧压支撑板。

肌肉激活程度

+

4

−

肱三头肌

胸肌

肩胛带肌

背阔肌

采用适当的重量做上拉练习

变式训练

开始

结束

起始姿势：坐在椅子上，两手抓住把手，并保持手臂微曲。

训练要点：朝胸部推动把手，保持几秒钟，然后回到起始位置。

动作等级：初级、中级和高级。

STOP 需避免的常见错误

一个常见错误是改变脊柱自然弯曲度。应避免这样做，因为这可能导致背部疼痛和其他问题。

⚠ 注意事项

记住这是锻炼背阔肌的练习，应避免直接使用斜方肌。

肱三头肌 ●

肩胛带肌 ✖

胸肌 ▲

将注意力集中在动作本身，而不是重量上

背阔肌 ■

腹外斜肌 ✖

肌肉激活程度

+

4

−

起始姿势： 站姿，保持双脚间距比肩略宽，膝关节微微弯曲。

训练要点： 从高处将双臂移向低处，沿弧形轨迹向与双腿成95°角的方向运动。短暂停顿两秒钟后，回到起始位置。

动作等级： 高级。

🛑 **需避免的常见错误**

避免过度弯曲膝关节。

⚠ **注意事项**

不要伸直双腿，因为这会使脊柱区域承受过大的压力。

变式训练

开始

结束

STOP 需避免的常见错误

沉胸和利用腹部力量移动重物是常见的，应避免这些错误，如果有必要，应该减小训练重量，以达到较好的训练效果。

⚠ 注意事项

保持脊柱自然弯曲并避免使用太大的重量。

起始姿势： 面朝V把坐在座椅上，双腿紧贴在支撑柱上，向胸前拉住把手，上身微微向后倾斜。

训练要点： 向胸部拉动把手，保持两秒钟后回到起始位置。

动作等级： 中级和高级。

肱二头肌 ●

胸肌 ▲

肩胛带肌 ✖

背阔肌 ■

在两秒的短暂停顿时收缩背阔肌

肌肉激活程度 + 5 −

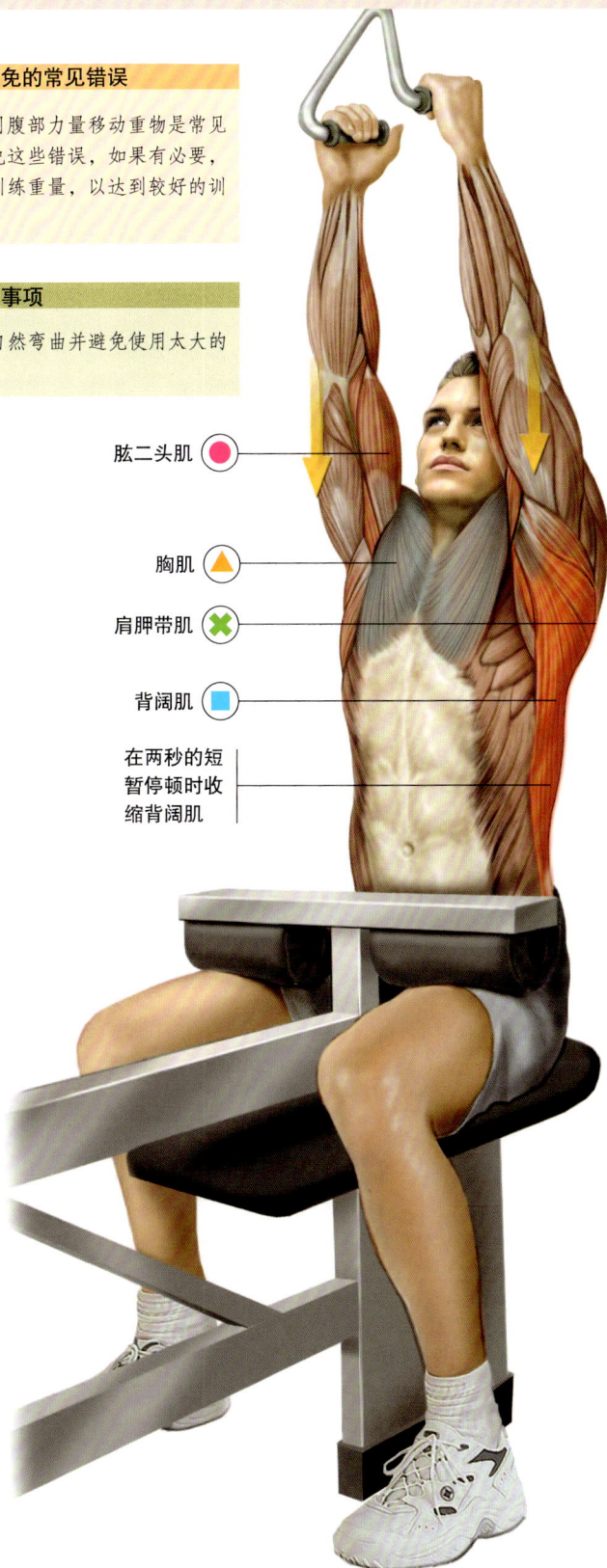

变式训练

开始

结束

哑铃划船

肌肉激活程度

7

肩胛带肌 ✖

胸肌 🔺

背阔肌 🟦

以拉伸背阔肌
来开始运动

斜方肌 🔴

肱二头肌 🔴

起始姿势：将哑铃放置在板凳一侧，再将另一侧的膝和手置于板凳上。

训练要点：抬起哑铃，平稳、缓慢地向髋关节移动。当哑铃抵达髋关节旁边时，停顿两秒钟，然后缓慢放低哑铃。

动作等级：中级和高级。

🛑 **需避免的常见错误**
应保持哑铃与板凳平行，不要旋转肩部。

⚠️ **注意事项**
不要向前方举起哑铃，而应向上和向后举起。

变式训练

开始　　　　　　　　　　　　　　结束

平卧拉力器上拉

STOP 需避免的常见错误

不要让重量向后降低得太快，因为突然的晃动会损伤肩关节。

⚠ 注意事项

在练习过程中应避免弓背。

起始姿势：将板凳置于拉力器前，头朝拉力器平躺在板凳上，两手握住长杠，向后伸展双臂并与躯干在同一水平面上。

训练要点：沿弧线向上、向前拉动长杠，直至双手位于胸的下部之上，然后回到起始位置。

动作等级：高级。

肌肉激活程度

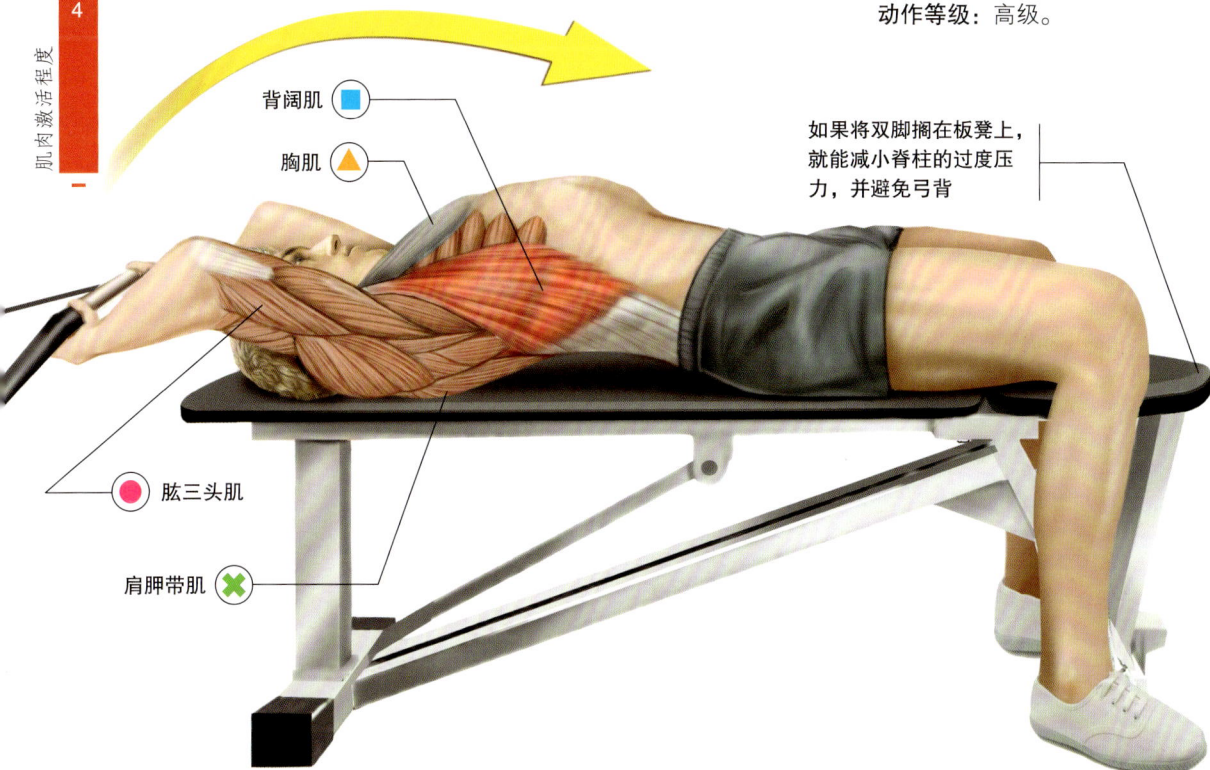

背阔肌 ■

胸肌 ▲

肱三头肌 ●

肩胛带肌 ✖

如果将双脚搁在板凳上，就能减小脊柱的过度压力，并避免弓背

变式训练

开始

结束

肌肉激活程度

肩胛带肌 ✖

背阔肌 ■

胸肌 ▲

肱二头肌 ●

双脚分立，
与肩同宽

起始姿势：躯干略向前倾站立，保持背部挺直，膝关节弯曲成90°～95°，两手从横杠下方握住把手。你可用V形杠或T形杠，两者的把手都将更舒适和安全。

训练要点：上拉杠直至靠近躯干，保持两秒钟，然后稳定地放低杠铃。

动作等级：高级。

变式训练

开始　　　　　　　　　　　结束

🛑 **需避免的常见错误**

避免短距离移动，应使用轻一些的重量和较广的移动范围。

⚠ **注意事项**

避免急拉动作，因为这会增加背部受伤的风险。如果你使用的是自由重量的杠铃，一定确保杠铃的另一端被固定住了。

肌肉激活程度

+

4

−

肩胛带肌

胸肌

背阔肌

肱二头肌

脊柱区域

翘起臀部以
保持稳定

起始姿势： 正手握杠铃，两手
与肩同宽，胸部前倾，并使躯干与
髋关节保持95°夹角。

训练要点： 抬起杠铃至胸部下
方，短暂停顿后缓慢放低杠铃，直
至双臂伸直。

动作等级： 高级。

STOP 需避免的常见错误

不要猛拉或快速移动，因为这会导
致与动作相关的关节受伤。

⚠ 注意事项

保持背部挺直，膝关节微微弯曲。

变式训练

开始

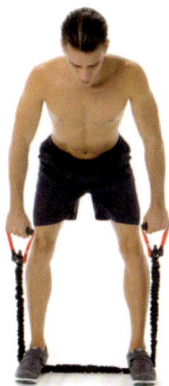

结束

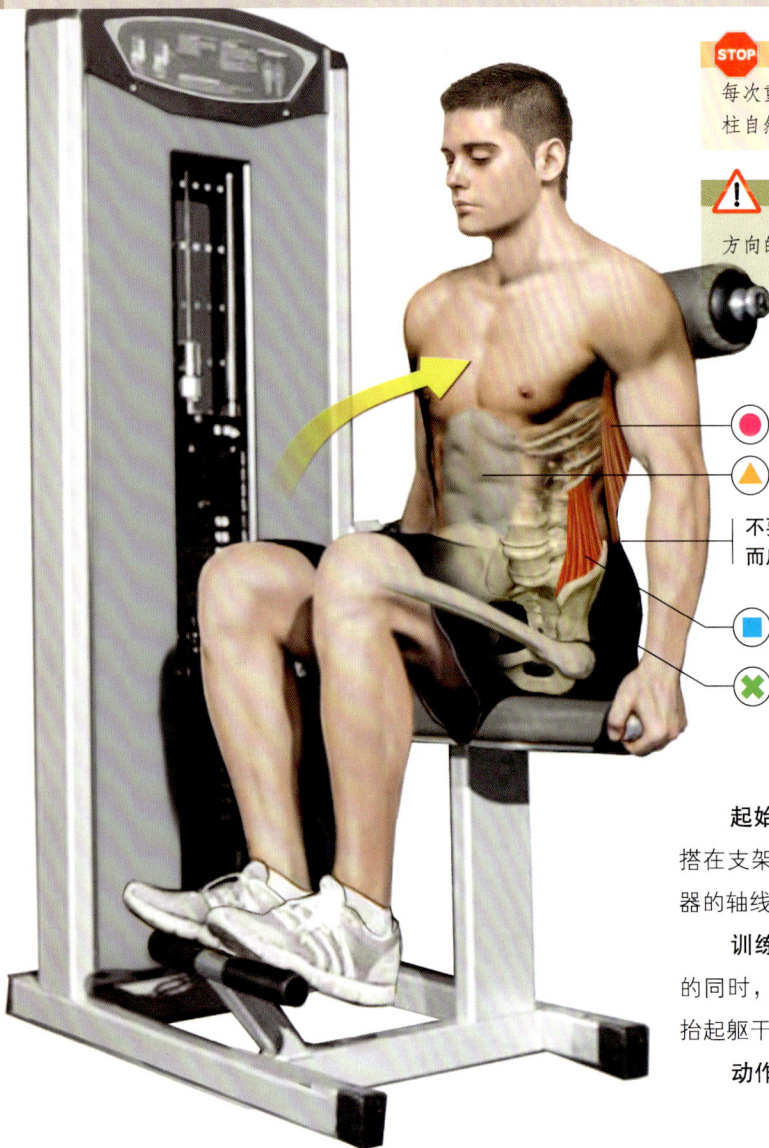

肌肉激活程度

+
8
−

STOP 需避免的常见错误

每次重复动作结束时一定要保持脊柱自然弯曲。

⚠ 注意事项

方向的改变必须很缓慢地进行。

● 背阔肌

▲ 腹直肌

不要将注意力集中在腿部受力上，而应集中在脊柱区域的受力上

■ 腰方肌

✖ 臀肌

起始姿势：坐在练习器上，双脚搭在支架上，臀部（髋关节）与练习器的轴线保持方向一致。

训练要点：在保持脊柱自然弯曲的同时，朝膝关节降低躯干，抵达后抬起躯干，直至超过与地面垂直处。

动作等级：初级、中级和高级

变式训练

开始

结束

起始姿势：为脊柱区域在练习器上选择一个位置，小腿后侧贴在支架上，大腿前侧向前倾斜压在靠垫上，双臂于胸前交叉。如果你是中级或高级训练者，也可以手握杠铃片或其他类型的重物。

训练要点：弯曲髋关节来放低躯干，移动相对较短的距离，然后抬起躯干，直至躯干与双腿成一条直线。

动作等级：中级和高级。

肌肉激活程度

+

8

−

⚠ **注意事项**

不要过度弓起脊柱，这是因为不必要的压力会使脊柱区域有痛感。

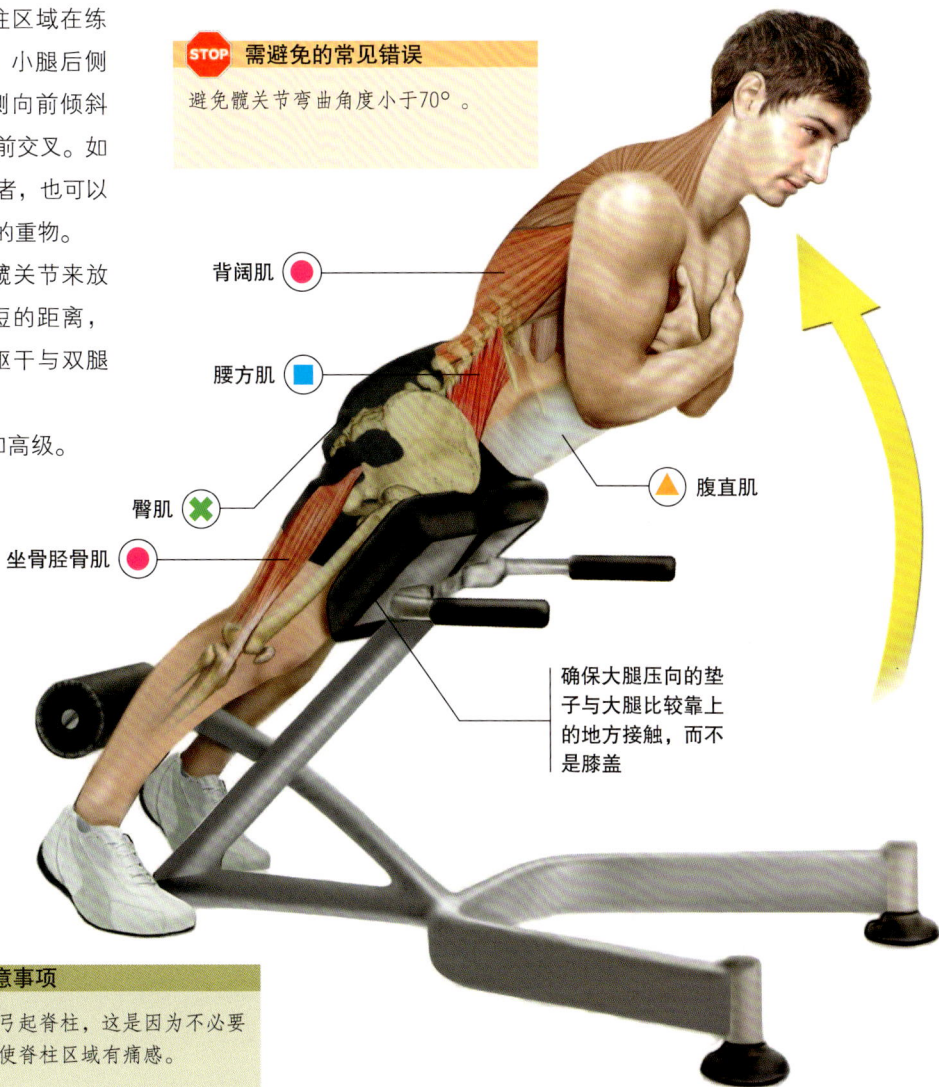

🛑 **需避免的常见错误**

避免髋关节弯曲角度小于70°。

背阔肌

腰方肌

臀肌 ❌

坐骨胫骨肌

腹直肌

确保大腿压向的垫子与大腿比较靠上的地方接触，而不是膝盖

变式训练

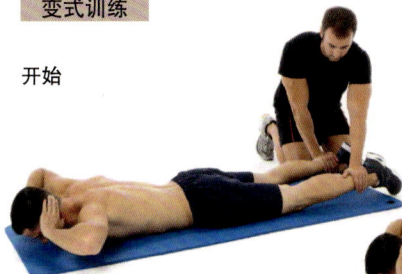

开始

结束

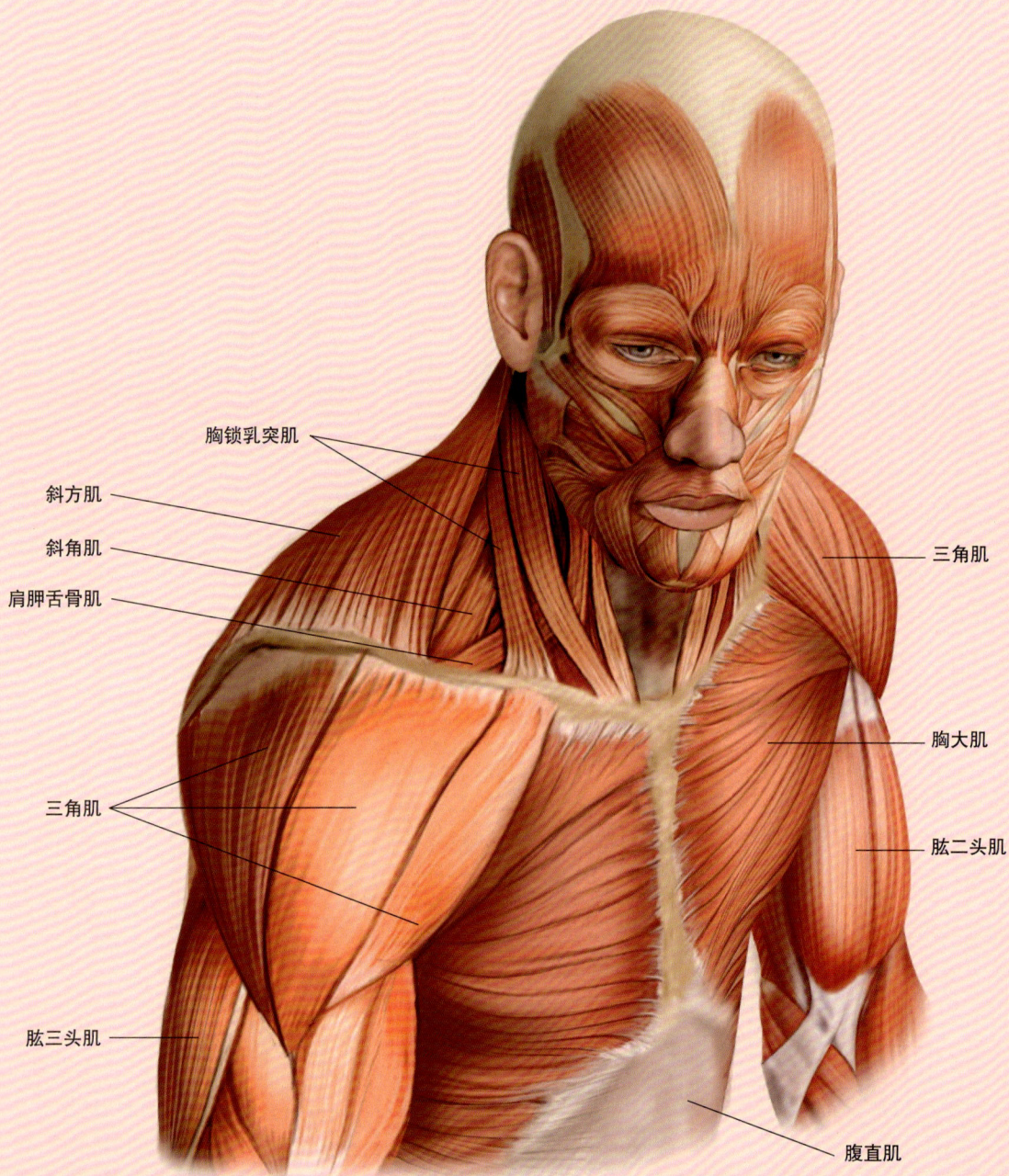

肩部

胸锁乳突肌

斜方肌

斜角肌

肩胛舌骨肌

三角肌

三角肌

胸大肌

肱二头肌

肱三头肌

腹直肌

肩

肩部是双臂与躯干相连的地方。肱骨、肩胛骨和锁骨的末端都汇集到肩部。肩胛肱骨关节拥有很大的活动自由度，但同时在带有重物和大角度移动的训练中相对不稳定，所以我们在所有涉及肩部的练习里应多加小心。三角肌是覆盖肩关节并让这部分身体看起来圆滑的肌肉，它的主要作用是进行肩关节外展和向前拉神。

三角肌（中束）

这块肌肉起于肩胛骨（肩胛冈和肩峰），附着在肩峰上。它的主要作用是进行肩关节外展。它在游泳时是很重要的肌肉，尤其在做单臂向后划水、向前爬行抱水以及蝶泳动作时。

三角肌（后束）

这块肌肉出现在肩胛冈上，它的主要作用是进行肩关节伸展和向后拉伸，在赛艇、射箭和游泳运动中常用到这块肌肉。

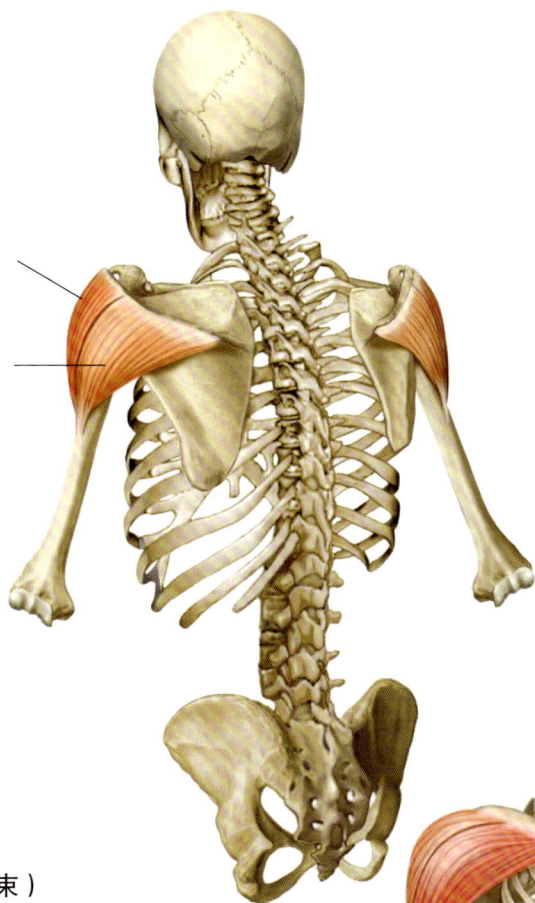

三角肌（中束）

三角肌（后束）

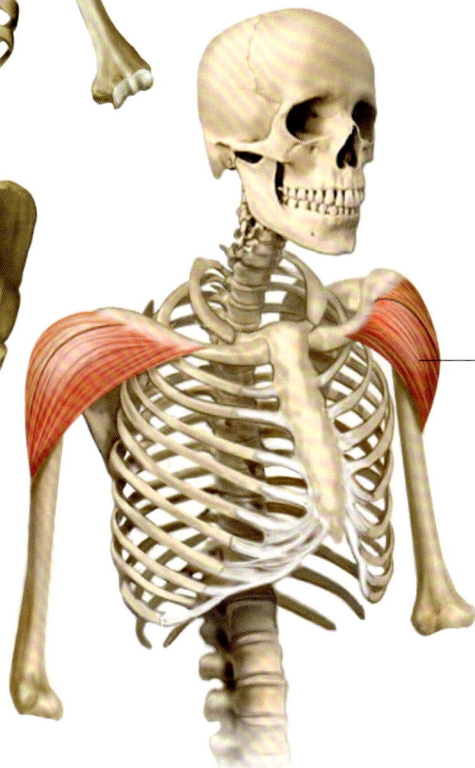

三角肌（前束）

三角肌（前束）

这块肌肉起于锁骨远端，止于肱骨三角肌粗隆，与三角肌中束和后束一起在此处终止。它的主要作用是进行肩关节向前拉伸和弯曲，如举重挺举和铅球投掷的动作。在面前端持一件物品（比如射箭）时也较多地用到这块肌肉。

⚠️ **注意事项**

放低哑铃时避免倾斜躯干，举起哑铃时避免晃动背部。

🛑 **需避免的常见错误**

避免过多地弯曲肘关节。

变式训练

开始

斜方肌 ❌

肩胛带肌 🔴

■ 三角肌

胸肌 ❌

背阔肌 🔺

起始姿势： 双脚与肩同宽站立，膝关节和肘关节微微弯曲，手持哑铃置于身体前方。

训练要点： 通过肩关节外展向身体两侧上抬哑铃。如图所示，在整个动作过程中保持肘关节微微弯曲。当两臂几乎成一条直线并与身体垂直时，反向移动，并避免哑铃降低得过快。

动作等级： 初级、中级和高级。

膝关节弯曲相当于减震器的作用，可以减小脊柱承受的压力

\+

7

\-

肌肉激活程度

结束

肌肉激活程度

斜方肌 ✖

三角肌 ◼

胸肌 ✖

背阔肌 ▲

肩胛带肌 ●

膝关节应微微
弯曲以起到减
震器的作用

起始姿势： 用一只手抓住竖直的支撑物，身体向一侧倾向，另一只手握住哑铃，并使肘部略微弯曲，前臂与地面垂直。

训练要点： 通过肩部外展，在体侧举起哑铃，直至手臂与地面平行，然后以可控的速度缓慢回到起始位置，在此过程中保持胳膊像钟摆一样摆动。

动作等级： 初级、中级和高级。

变式训练

开始

结束

🛑 **需避免的常见错误**

避免晃动或扇动你的双臂。

⚠️ **注意事项**

确保固定在一个稳定的支柱上并保持身体稳定。

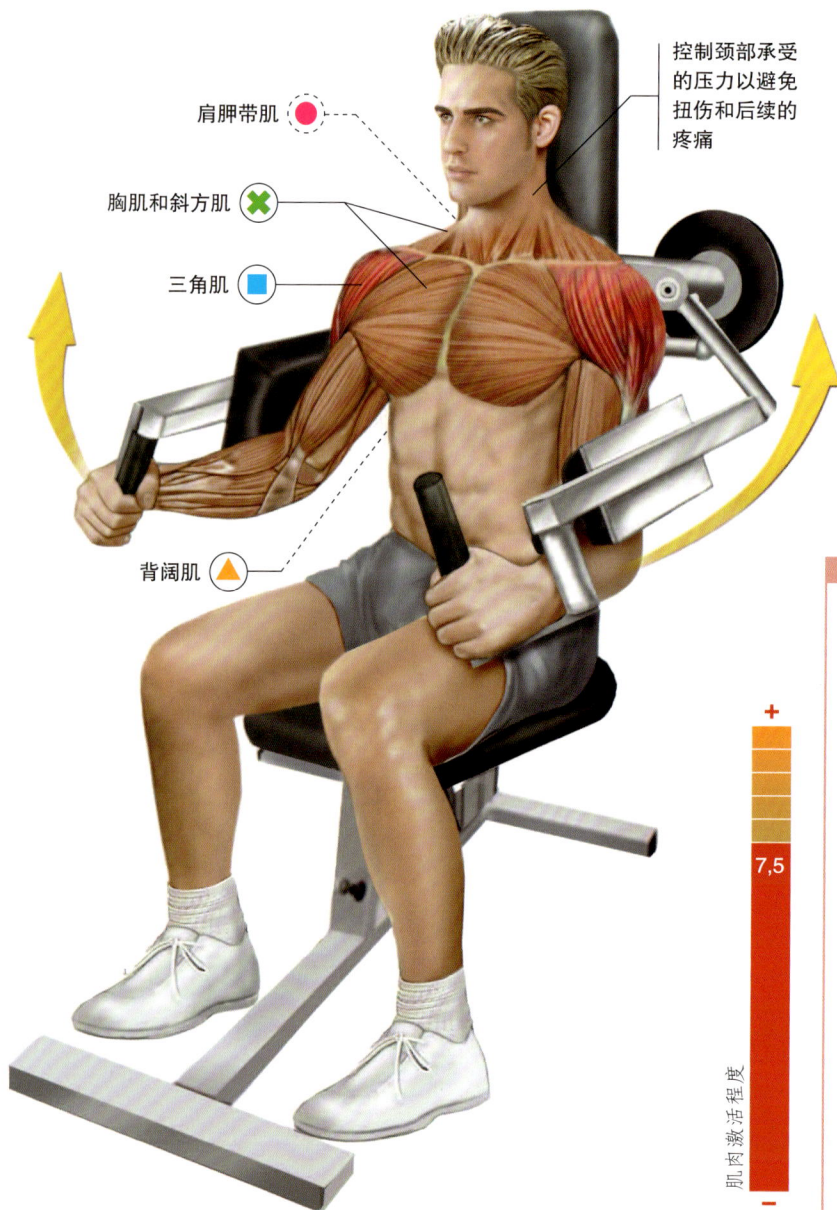

肩胛带肌 ●

胸肌和斜方肌 ✖

三角肌 ■

背阔肌 ▲

控制颈部承受的压力以避免扭伤和后续的疼痛

⚠ 注意事项

确保重量落在肘部依靠的辅助垫上而不是手上。

肌肉激活程度

\+

7,5

\-

变式训练

开始

结束

起始姿势：坐在练习器上，双肘外侧靠在辅助垫上。记住将背部紧压在靠垫上，两侧把手只用作握点，而不是发力的地方。

训练要点：用肩关节外展来抬起肘关节，直至双臂与躯干成90°角。缓慢放低双臂，以便控制移动过程。

动作等级：初级、中级和高级。

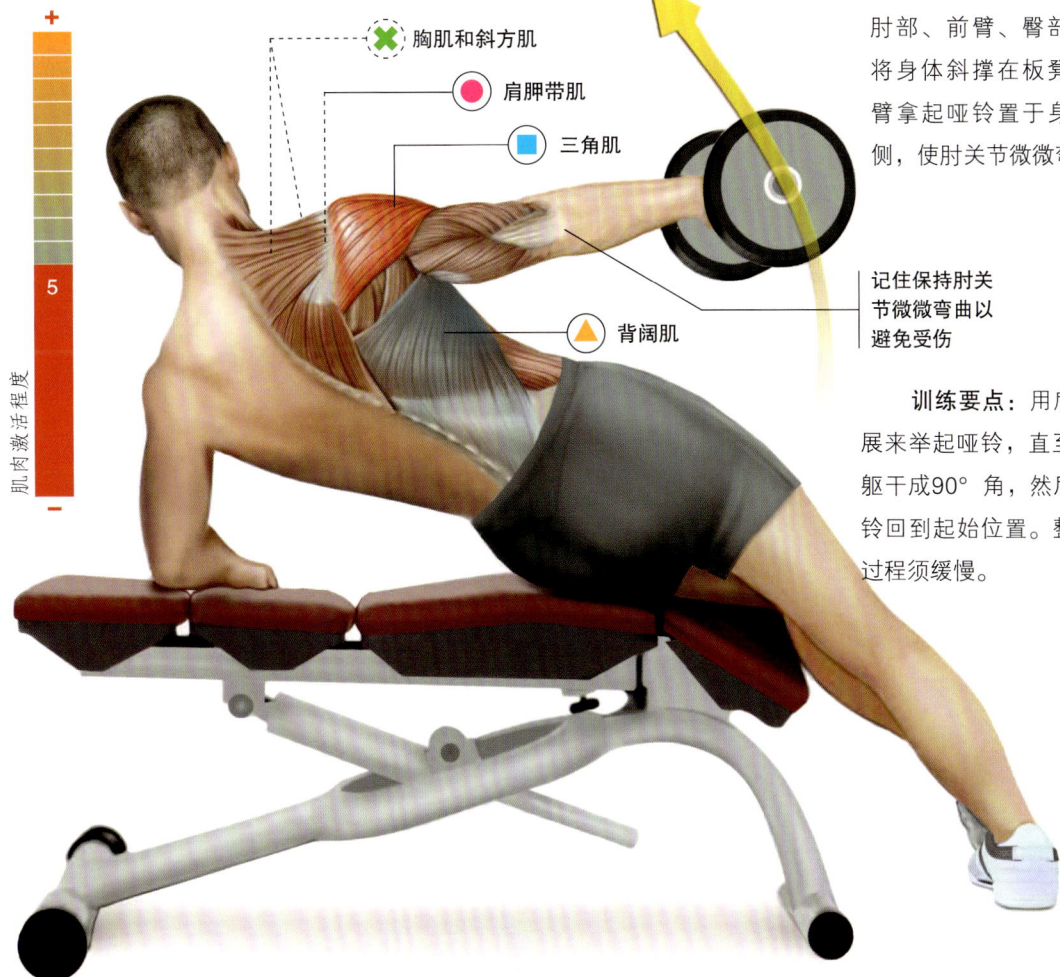

胸肌和斜方肌

肩胛带肌

三角肌

背阔肌

5

肌肉激活程度

起始姿势：用同侧的肘部、前臂、臀部和大腿将身体斜撑在板凳上，单臂拿起哑铃置于身体另一侧，使肘关节微微弯曲。

记住保持肘关节微微弯曲以避免受伤

训练要点：用肩关节外展来举起哑铃，直至上臂与躯干成90°角，然后放低哑铃回到起始位置。整个移动过程须缓慢。

动作等级：高级

STOP 需避免的常见错误

避免过度弓背。

⚠ 注意事项

确保在开始做动作之前你在板凳上的位置是稳定的。

变式训练

开始

结束

肌肉激活程度

6,5

胸肌和斜方肌 ✖

三角肌 ■

喙肱肌 ●

背阔肌 ▲

在不降低训练技巧的前提下使用你可以掌握的重量

开始

起始姿势：双手正握（掌心向下）哑铃并置于大腿前面，保持膝关节微微弯曲，双脚分立，与肩同宽。

训练要点：借助肩部的弯曲交替举起哑铃，而不用背部力量。直到结束第一只哑铃的移动后才开始举起第二只哑铃。

动作等级：初级、中级和高级。

结束

🛑 **需避免的常见错误**

避免背部晃动。

⚠ **注意事项**

确保背部稳定并与地面垂直。

变式训练

三角肌 ■

喙肱肌 ●

胸肌和斜方肌 ✖

背阔肌 ▲

保持脊柱自然
弯曲，不要增
大弯曲程度

7,5

肌肉激活程度

开始

结束

起始姿势：坐在带靠背的椅子上，
双手微微向前抓住杠铃置于锁骨上方。

训练要点：肩关节外展，向上推举
杠铃，直至两肘绷紧。用可控的速度将杠
铃缓慢放下，直至杠铃几乎接触胸部。

动作等级：中级和高级。

STOP **需避免的常见错误**

不要将自己限制在短距离移动上。即
使只能举起较轻的重量，也要保证移
动过程完整。

⚠ **注意事项**

确保背部紧贴靠背，避免将双臂降低
到与躯干所成角度小于45°的位置。

肌肉激活程度

6,5

斜方肌

肩胛带肌

三角肌

背阔肌

随着肘部的伸展，腕部应缓慢转动

喙肱肌

胸肌

起始姿势：坐在椅子上，双肘在身体前面弯曲，双手握住哑铃，掌心朝向身体。

训练要点：推举哑铃，同时旋转腕部，使得在最高点处掌心向前。肘关节绷紧，从前方向两侧和向上移动。然后反向移动，回到起始位置。

动作等级：高级。

STOP 需避免的常见错误

避免弓背。

⚠ 注意事项

使用带靠背的椅子。

变式训练

开始

结束

胸肌和斜方肌 ✖

7,5

肌肉激活程度

肩胛带肌 ●

保持脊柱两
侧的背阔肌
区域与靠背
接触

■ 三角肌

▲ 背阔肌

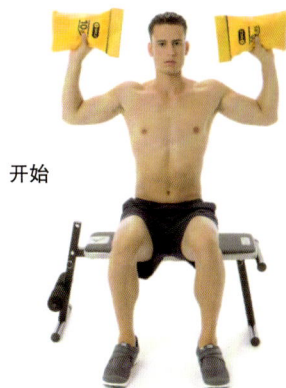

开始

结束

起始姿势：坐在带靠背的椅子或斯科特椅上，将背部压向靠背，双手举起哑铃置于两侧，双臂与躯干成45°角，并且保持肘关节微微弯曲，掌心向前。

训练要点：双手推举哑铃至最高点，然后弯曲肘关节，回到起始位置，但不可将双臂放得过低。在整个技术动作过程中保持较低的移动速度和良好的控制。

动作等级：中级和高级。

🛑 **需避免的常见错误**

避免弓背超出自然弯曲度。

⚠️ **注意事项**

做这项练习时应使用带靠背的椅子。

肌肉激活程度

7

变式训练

开始

结束

■ 三角肌

✖ 胸肌和斜方肌

● 肩胛带肌

▲ 背阔肌

不要尝试举起过多的重量。记住肩关节是脆弱的关节

起始姿势：坐在椅子上，将背部压向靠背，双臂置于两侧，与躯干成45°角，并且肘关节微微弯曲。通常练习器有两个把手，一个用于内旋，另一个是常规的。你可以使用其中任意一个，记住内旋把手对三角肌中束起作用，常规把手对三角肌前束起作用。

训练要点：肘关节绷紧，克服阻力向上推举把手。移动由练习器指引，所以不太可能出错。当达到最高点时，缓慢放低重物。

动作等级：初级、中级和高级。

🛑 **需避免的常见错误**

避免过多弓背。

⚠ **注意事项**

任何时候双臂与躯干所成的角度应始终不小于45°，这样可以减少肩关节受伤的风险。

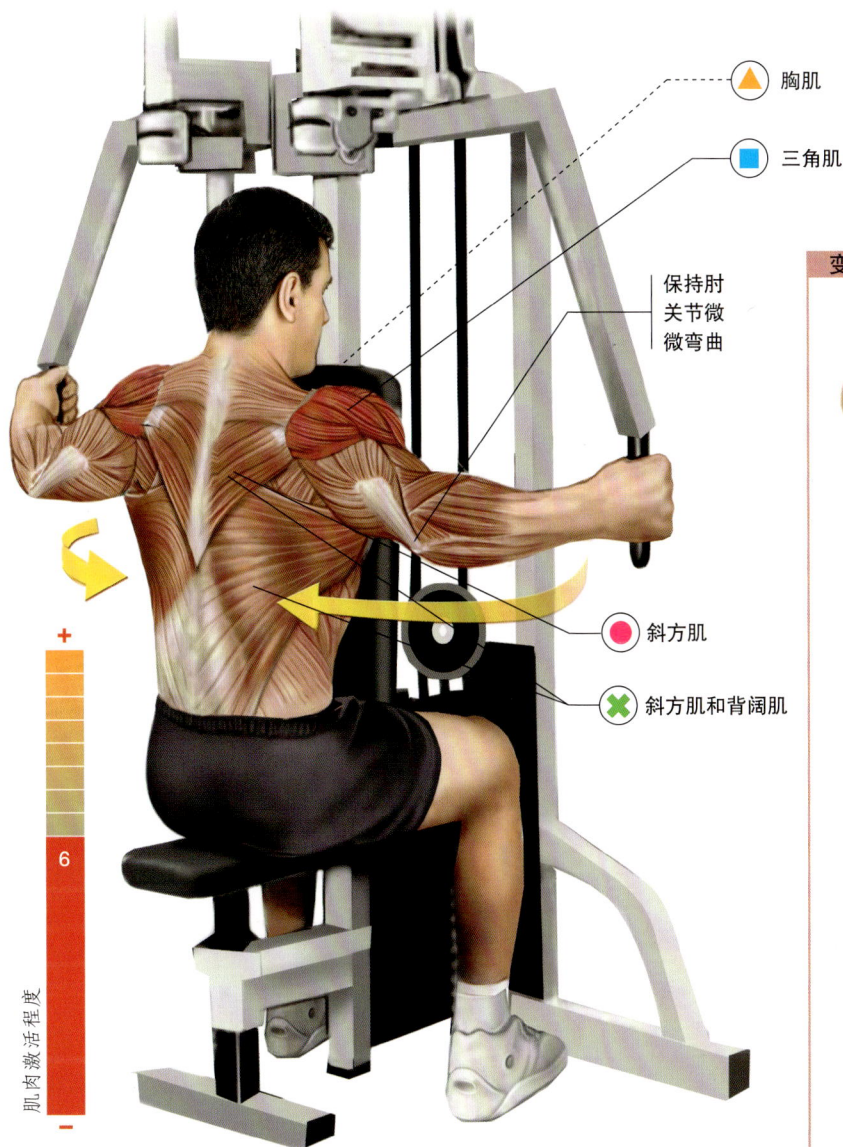

胸肌

三角肌

保持肘关节微微弯曲

斜方肌

斜方肌和背阔肌

肌肉激活程度

6

+

−

开始

结束

起始姿势：面向练习器坐下，胸部压向辅助垫。

训练要点：通过将双臂拉向后方来伸展肩关节，注意胸部始终不离开辅助垫。当达到最大伸展点后，反向移动回到起始位置。也可以背对练习器坐下来做这个动作，背部压向辅助垫。

动作等级：初级、中级和高级。

STOP 需避免的常见错误

不要让胸部离开辅助垫。

⚠ 注意事项

调整座椅高度，以使手握把手处与肩同高或略低于肩部。

斜方肌 ●

斜方肌 ✖

背阔肌 ✖

三角肌 ■

胸肌 ▲

STOP　需避免的常见错误

避免胸部下方离开大腿，因为那样会在背部施加更大压力。

不要让脊柱区域参与进来，因为这会使它受伤

肌肉激活程度

+

6

−

起始姿势：双脚并拢坐在板凳上，胸部放在大腿上。双手各持一只哑铃，并保持肘关节微微弯曲，掌心相对。

训练要点：通过肩关节伸展（向后拉伸）抬起哑铃，始终保持相同的肘关节弯曲角度。回到起始位置，保持哑铃不被快速放低。

动作等级：中级和高级。

⚠ 注意事项

每组练习结束后，在起立前先将哑铃置于地板上。

变式训练

开始

结束

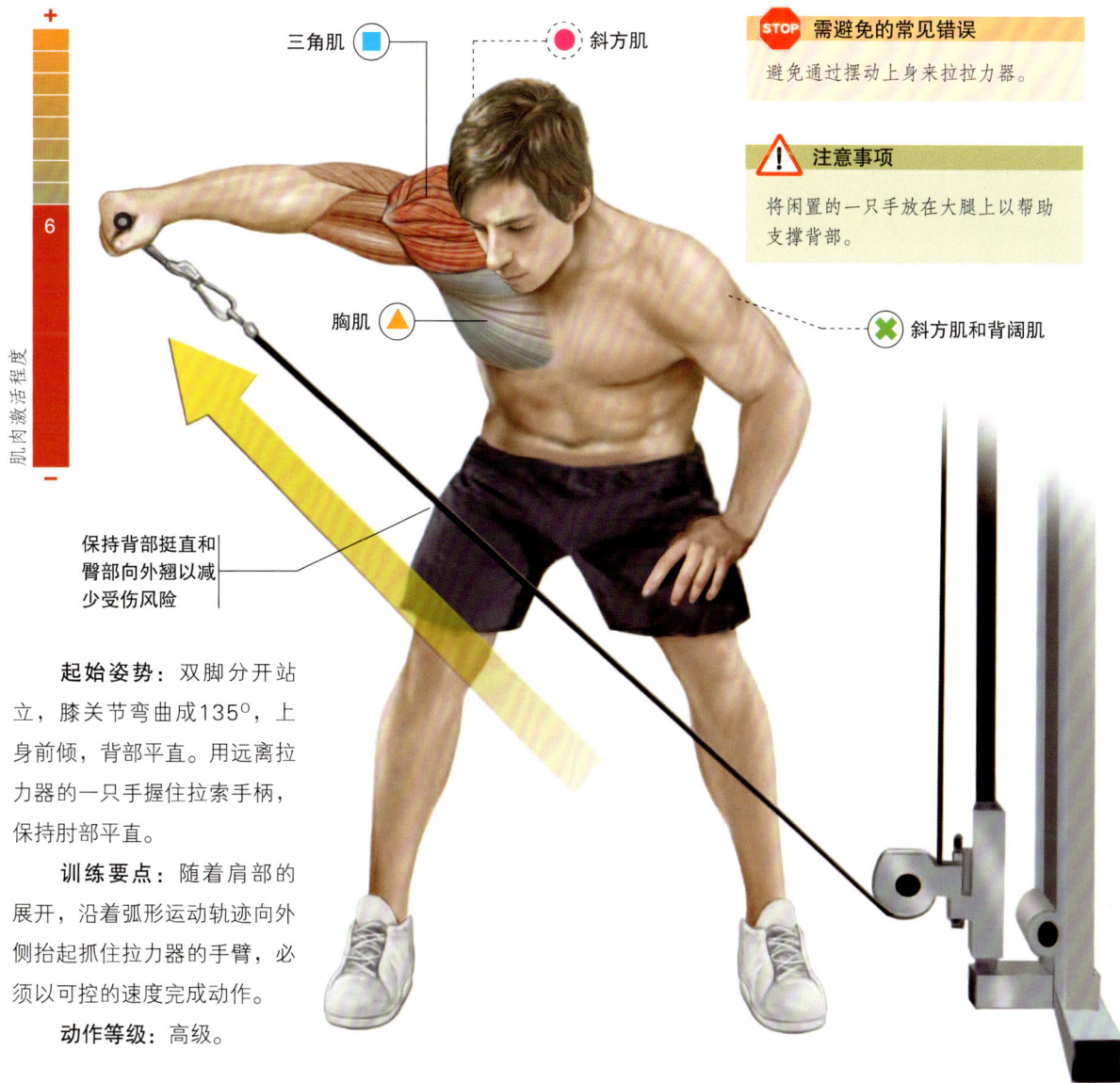

三角肌 🟦

斜方肌 🔴

胸肌 🔺

肌肉激活程度

+
6
−

保持背部挺直和
臀部向外翘以减
少受伤风险

❌ 斜方肌和背阔肌

起始姿势：双脚分开站立，膝关节弯曲成135°，上身前倾，背部平直。用远离拉力器的一只手握住拉索手柄，保持肘部平直。

训练要点：随着肩部的展开，沿着弧形运动轨迹向外侧抬起抓住拉力器的手臂，必须以可控的速度完成动作。

动作等级：高级。

变式训练

开始

结束

手臂

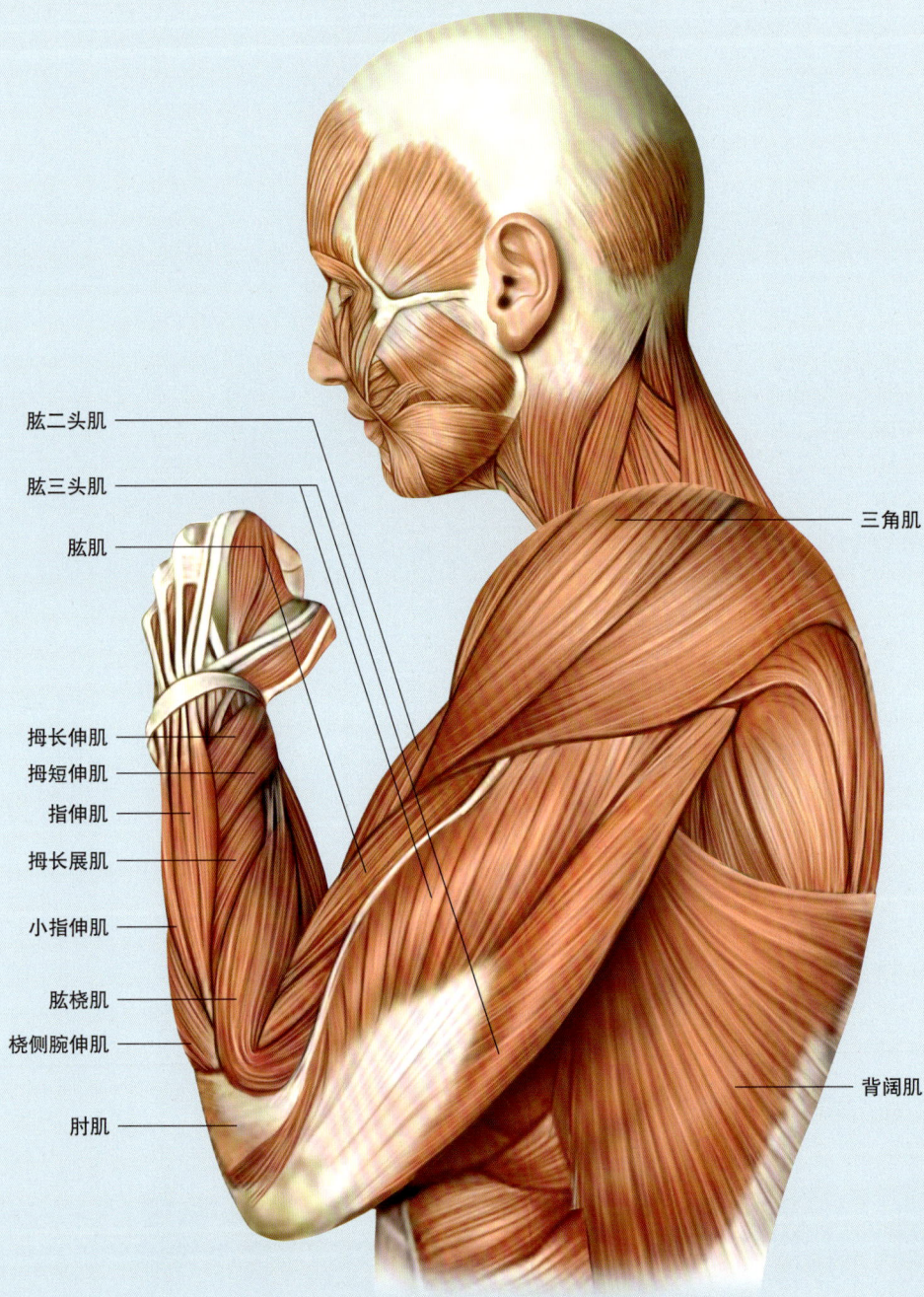

肱二头肌

肱三头肌

肱肌

三角肌

拇长伸肌

拇短伸肌

指伸肌

拇长展肌

小指伸肌

肱桡肌

桡侧腕伸肌

背阔肌

肘肌

上臂是上肢的一部分，位于肩关节和肘关节之间。不过本部分也将介绍前臂的肌肉。与胸部一起，手臂也许构成了健身者最关注的主要区域之一。我们能在上臂中找到两块有力的可见肌肉：位于前面的肱二头肌和位于后面的肱三头肌。

肱桡肌

这块肌肉起于肱骨外上髁上缘，止于第二根桡骨的底部。它的作用是弯曲腕关节，并由桡侧腕短伸肌和尺侧腕伸肌辅助完成。它在那些使用工具的运动中显得尤其重要，包括网球、板球、壁球、回力球等运动，主要在反手击球时被用到。

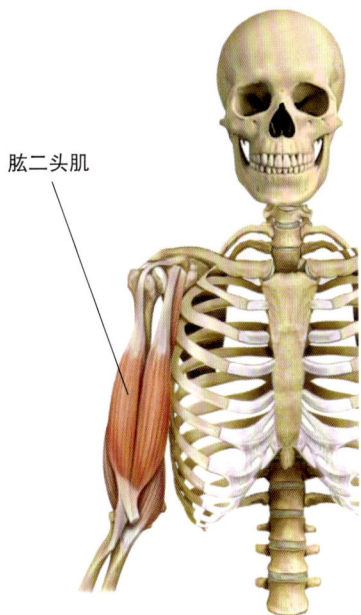

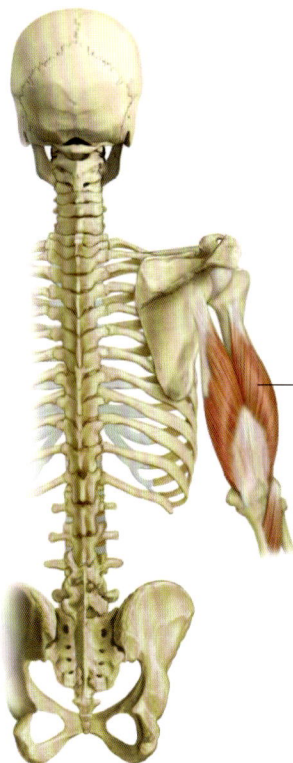

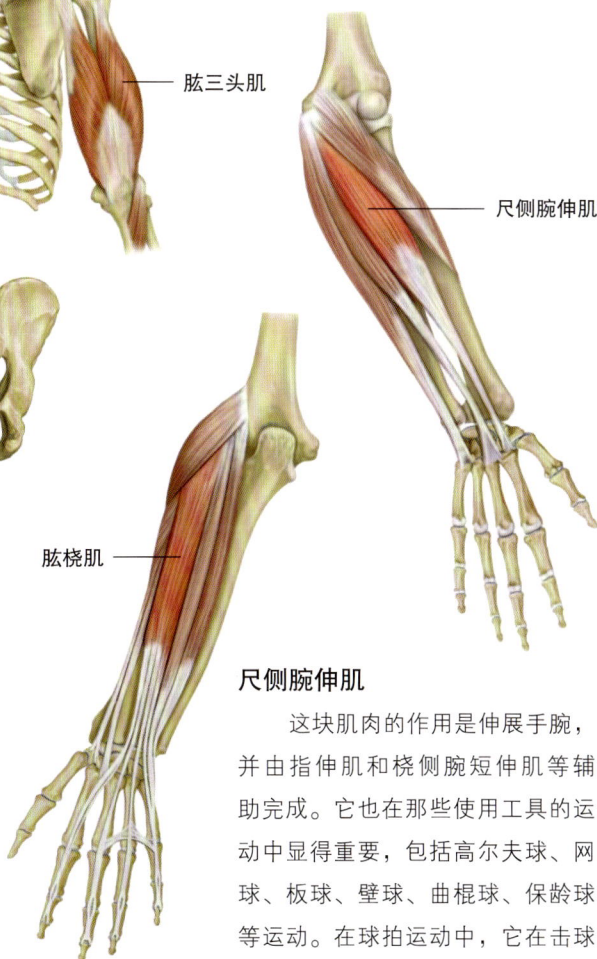

肱二头肌

这块肌肉包括两部分。长头起于肩胛骨盂上粗隆，止于桡骨粗隆（桡骨的第三近端）。短头起于肩胛骨喙突长，止于肱二头肌腱膜。肱二头肌的收缩使肘关节弯曲和手腕向外旋转。这在需要击打实心球的球拍运动中很重要，包括球拍上扬、背离身体出球等动作过程。这类运动有橄榄球、美式足球等。

肱三头肌

这块肌肉有三个头，分别附着在盂下粗隆（肩胛骨）和肱骨骨干上。三个头会合后，均止于肘关节后的尺骨鹰嘴。肱三头肌的作用是使肘关节伸直，它在做直接投掷动作时显得很重要，包括篮球和手球的传球、拳击中的直接命中和出拳等。

尺侧腕伸肌

这块肌肉的作用是伸展手腕，并由指伸肌和桡侧腕短伸肌等辅助完成。它也在那些使用工具的运动中显得重要，包括高尔夫球、网球、板球、壁球、曲棍球、保龄球等运动。在球拍运动中，它在击球时显得尤其重要。

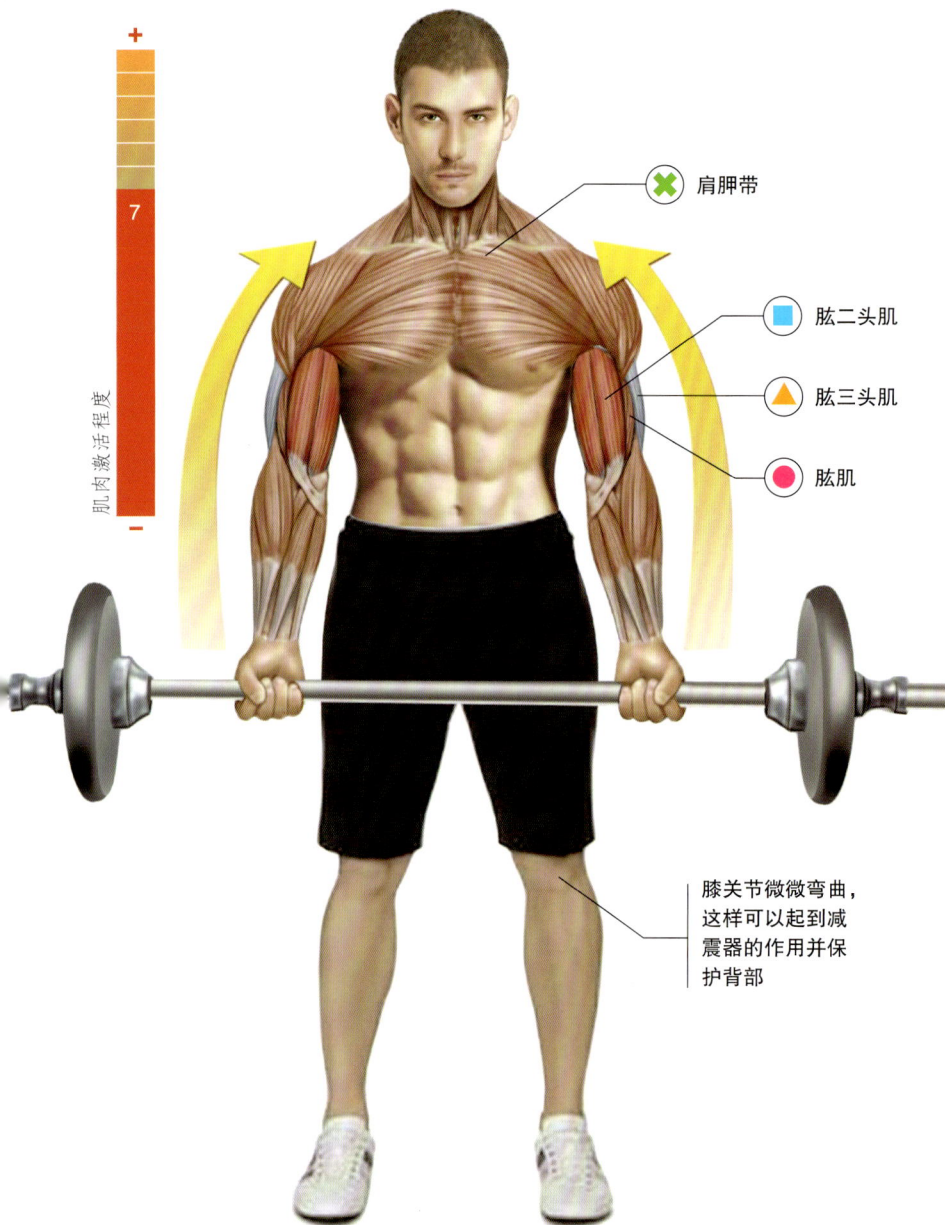

肌肉激活程度

7

肩胛带 ❌

■ 肱二头肌

▲ 肱三头肌

● 肱肌

膝关节微微弯曲，这样可以起到减震器的作用并保护背部

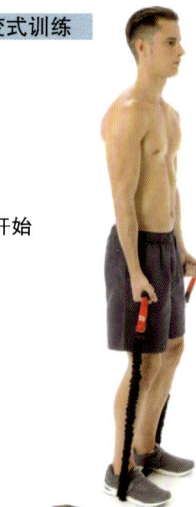

开始

结束

起始姿势： 站立并保持膝关节微微弯曲，双手握住杠铃，掌心向上，保持肘关节伸直但不被锁死。

训练要点： 通过弯曲肘关节来抬起杠铃，保持上臂静止固定在躯干上，不要将肘关节向前移动。在运动过程中重要的是避免摇晃动作和使用肩关节。

动作等级： 初级、中级和高级。

🛑 **需避免的常见错误**

避免急拉、背部用力以及摇晃。

⚠️ **注意事项**

确保双脚间距足够大，以提供良好的支撑。

肌肉激活程度

6,5

保持上臂静止固定在躯干上，并记住移动来自前臂

❌ 肩胛带

🟦 肱二头肌

🔺 肱三头肌

🔴 肱肌

起始姿势：伸直肘关节站立，握住哑铃，掌心朝向大腿。

训练要点：交替弯曲肘关节以举起哑铃。当一只哑铃向下移动时，另一只需向上移动，不必等到一只哑铃完成移动后再开始移动另一只哑铃。移动过程须是缓慢而从容的。

动作等级：初级、中级和高级。

🛑 **需避免的常见错误**

避免背部倾斜、摇晃以及移动肩关节。

⚠ **注意事项**

保持背部挺直，双脚分立，与肩同宽，微微弯曲膝关节以达到适当的平衡，并避免脊柱区域承受不必要的压力。

变式训练

开始

结束

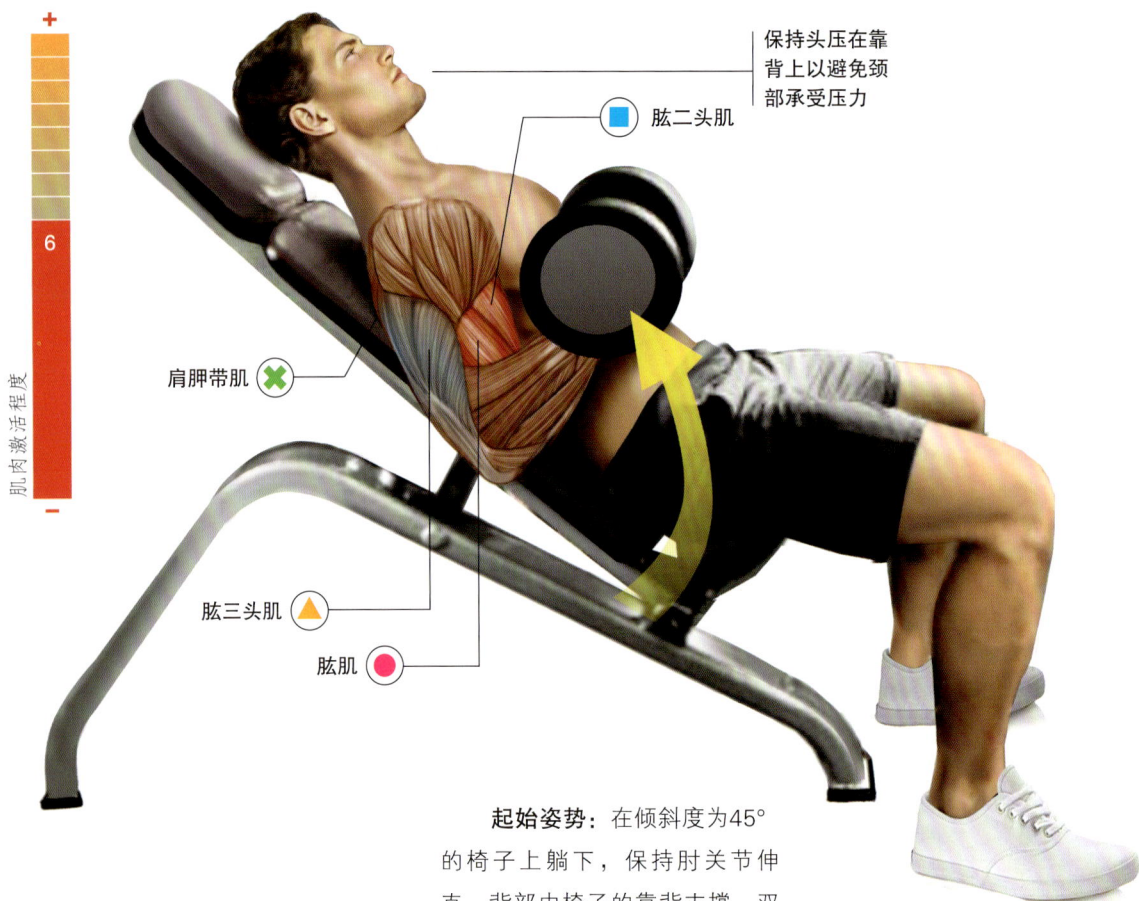

肌肉激活程度

6

保持头压在靠背上以避免颈部承受压力

■ 肱二头肌

肩胛带肌 ✖

肱三头肌 ▲

肱肌 ●

起始姿势：在倾斜度为45°的椅子上躺下，保持肘关节伸直，背部由椅子的靠背支撑，双脚稍微分开。

训练要点：弯曲肘关节，举起哑铃，并且避免三角肌发力。

动作等级：中级和高级。

STOP 需避免的常见错误

避免急拉以及像钟摆一样摆动你的双手。

⚠ 注意事项

当位于负相位时，不要让哑铃掉下去，因为这样会导致肩关节承受过大的压力。

变式训练

开始

结束

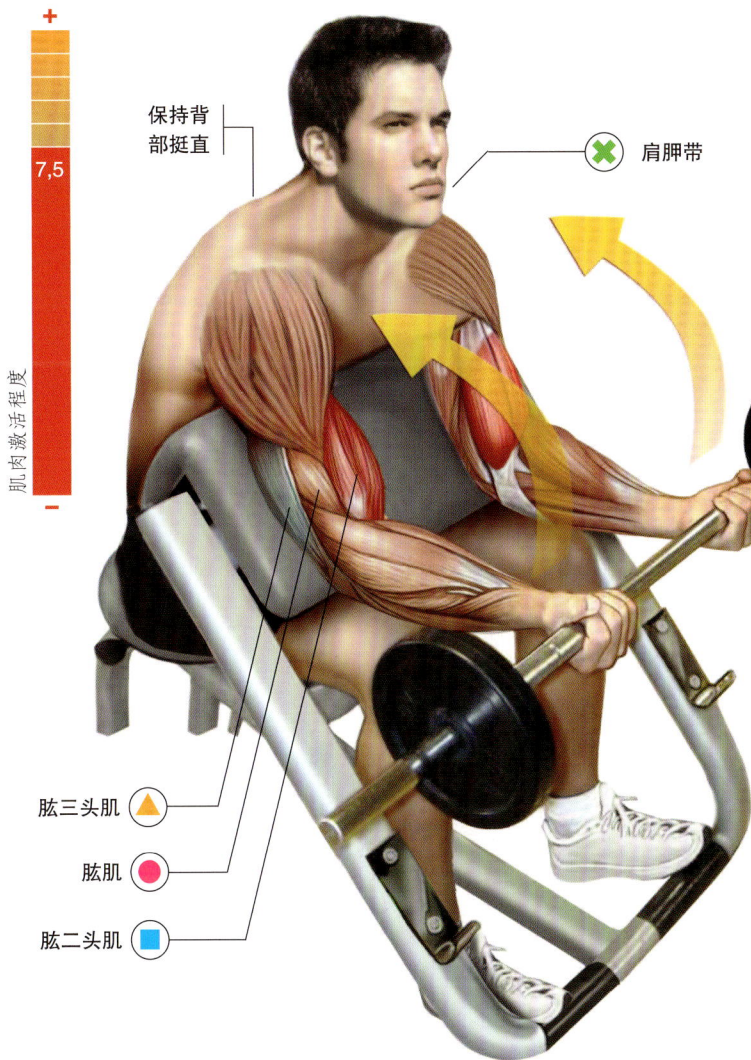

肌肉激活程度

7,5

保持背部挺直

肩胛带 ✖

肱三头肌 ▲

肱肌 ●

肱二头肌 ■

起始姿势：坐在牧师椅上，上臂后侧置于辅助垫上，肘关节伸直但不被锁死。双手窄握杠铃上带小凸边的区域，这样可以保护手腕。

训练要点：通过弯曲肘关节缓慢举起杠铃，肘关节弯曲到最大限度后回到起始位置，保持整个移动过程缓慢并逐步进行。

动作等级：初级、中级和高级。

STOP 需避免的常见错误

在举起的重量增加时，避免动作过程不够稳定。记住上好安全锁，因为在这个练习中保持杠铃平衡需要很高的技巧，没有安全锁时倾斜杠铃会伤及自己和身边的人。

⚠ 注意事项

调整辅助垫的高度，使得你的腋窝触到它的上边缘，从而不必弓背。

变式训练

开始　　　结束

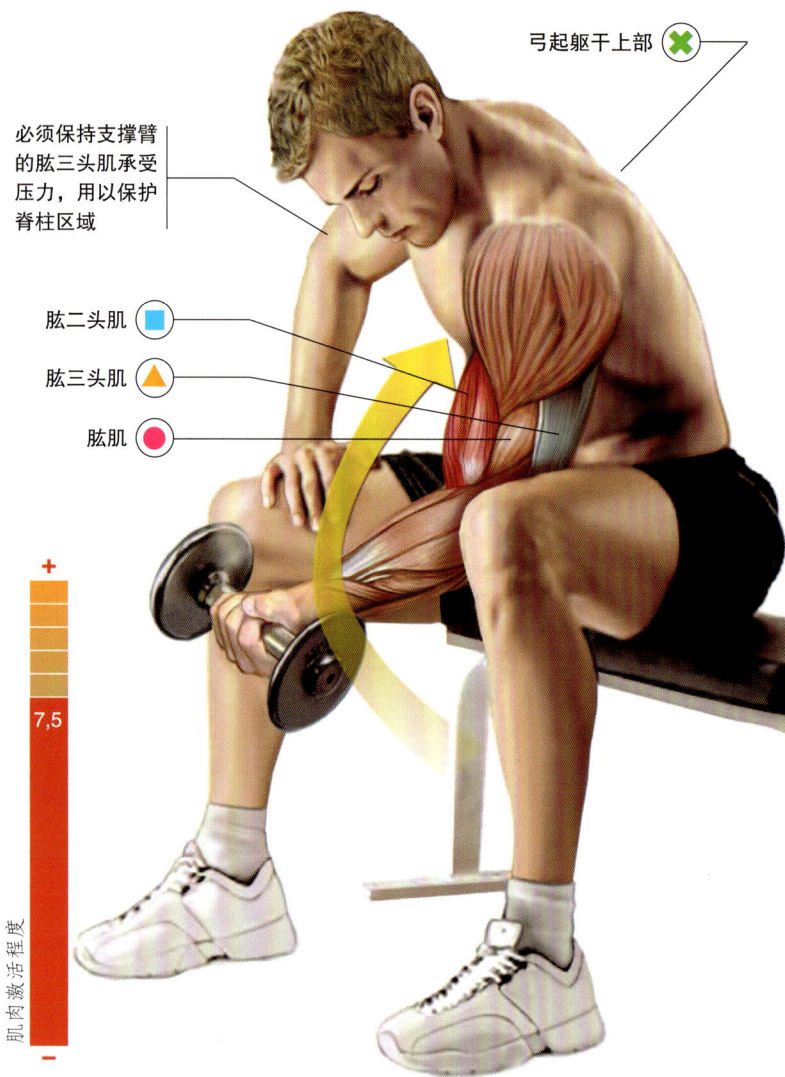

弓起躯干上部 ✖

必须保持支撑臂
的肱三头肌承受
压力，用以保护
脊柱区域

肱二头肌 🟦
肱三头肌 🔺
肱肌 🔴

\+

7,5

−

肌肉激活程度

起始姿势：坐在板凳上，上身
稍微前倾并微微转向一侧，单手掌
心向上握住哑铃。握哑铃一侧的手臂
位于膝关节上方的后部受到伸展，肘
关节支撑在大腿内侧。另一只手放在
另一侧大腿上作为支撑。

训练要点：通过弯曲肘关节来
举起哑铃，保持上身不动，然后反
向移动回到起始位置。整个移动过
程须缓慢且受控地进行。

动作等级：中级和高级。

🛑 **需避免的常见错误**

避免用背部支撑倾斜的躯干和哑铃的
重量。

⚠️ **注意事项**

确保空闲的那只手置于大腿上，并用
于支撑身体，从而减小脊柱区域所承
受的压力。

变式训练

开始

结束

锤式哑铃屈臂

5

肩胛带 ✖

肱三头肌 ▲

肱二头肌 ■

肱肌 ●

记住保持手腕
在中立位置

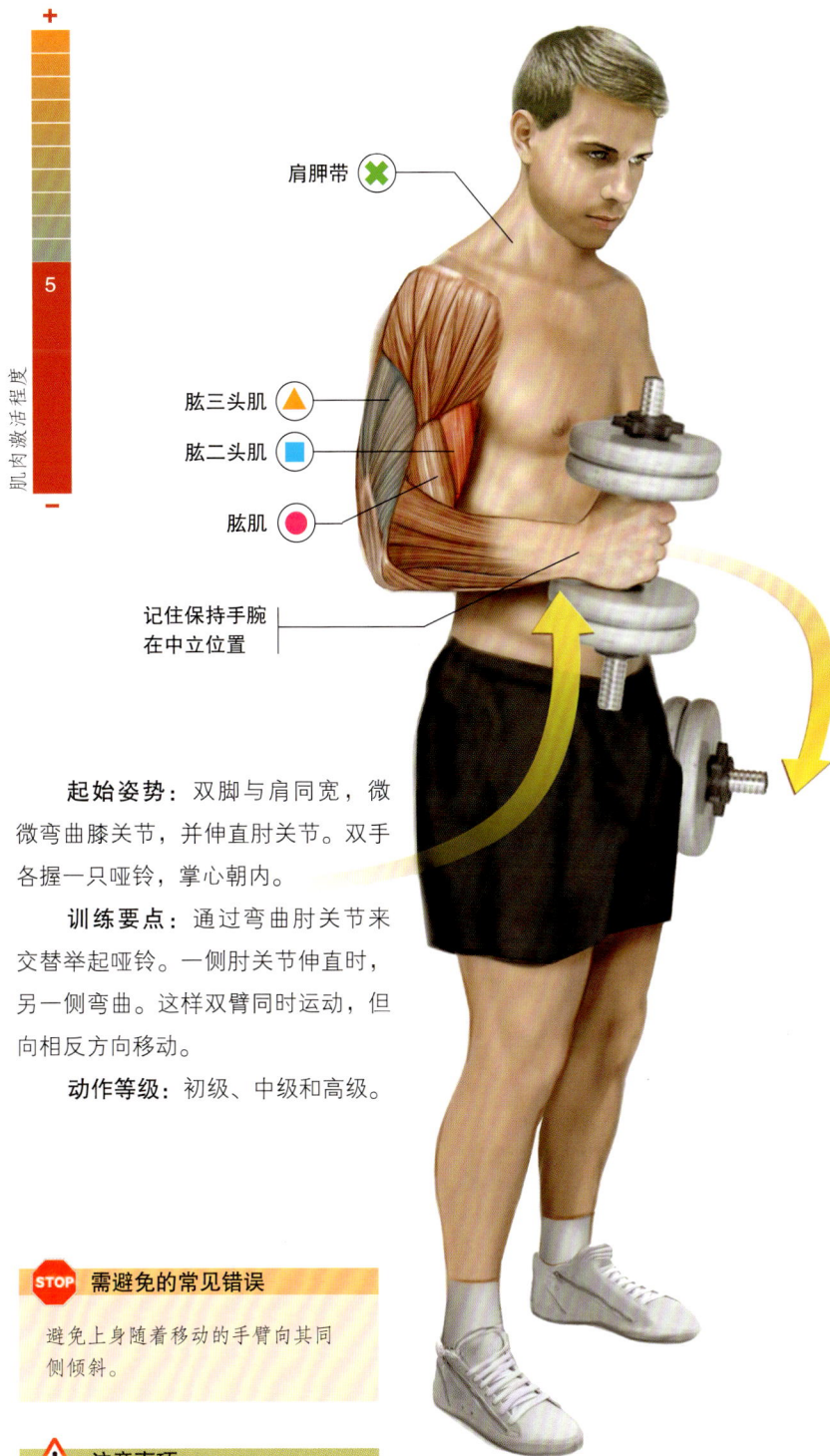

起始姿势： 双脚与肩同宽，微
微弯曲膝关节，并伸直肘关节。双手
各握一只哑铃，掌心朝内。

训练要点： 通过弯曲肘关节来
交替举起哑铃。一侧肘关节伸直时，
另一侧弯曲。这样双臂同时运动，但
向相反方向移动。

动作等级： 初级、中级和高级。

变式训练

开始

结束

🛑 **需避免的常见错误**

避免上身随着移动的手臂向其同
侧倾斜。

⚠ **注意事项**

保持上身静止，不摇晃。

肌肉激活程度

7,5

起始姿势：躺在板凳上，保持肘关节弯曲。当曲杠靠近前额时，使用窄握持杠法。

训练要点：缓慢伸直肘关节，保持上臂与地面垂直。手臂始终绷直，然后缓慢且可控地回到起始位置。

动作等级：高级。

△ 肱二头肌

● 肘肌

■ 肱三头肌

保持脊柱自然弯曲，不要过度弯曲

✖ 肩胛带肌

STOP **需避免的常见错误**

当举起杠铃时不要向外移动肘关节。

⚠ **注意事项**

在整个练习过程中保持上臂与地面垂直。

变式训练

开始

结束

肌肉激活程度

+

8

−

保持肩关节不动 ✖

肱三头肌 🟦

肱二头肌 🔺

肘肌 🔴

在整个练习过程中保持用肘关节夹紧身体

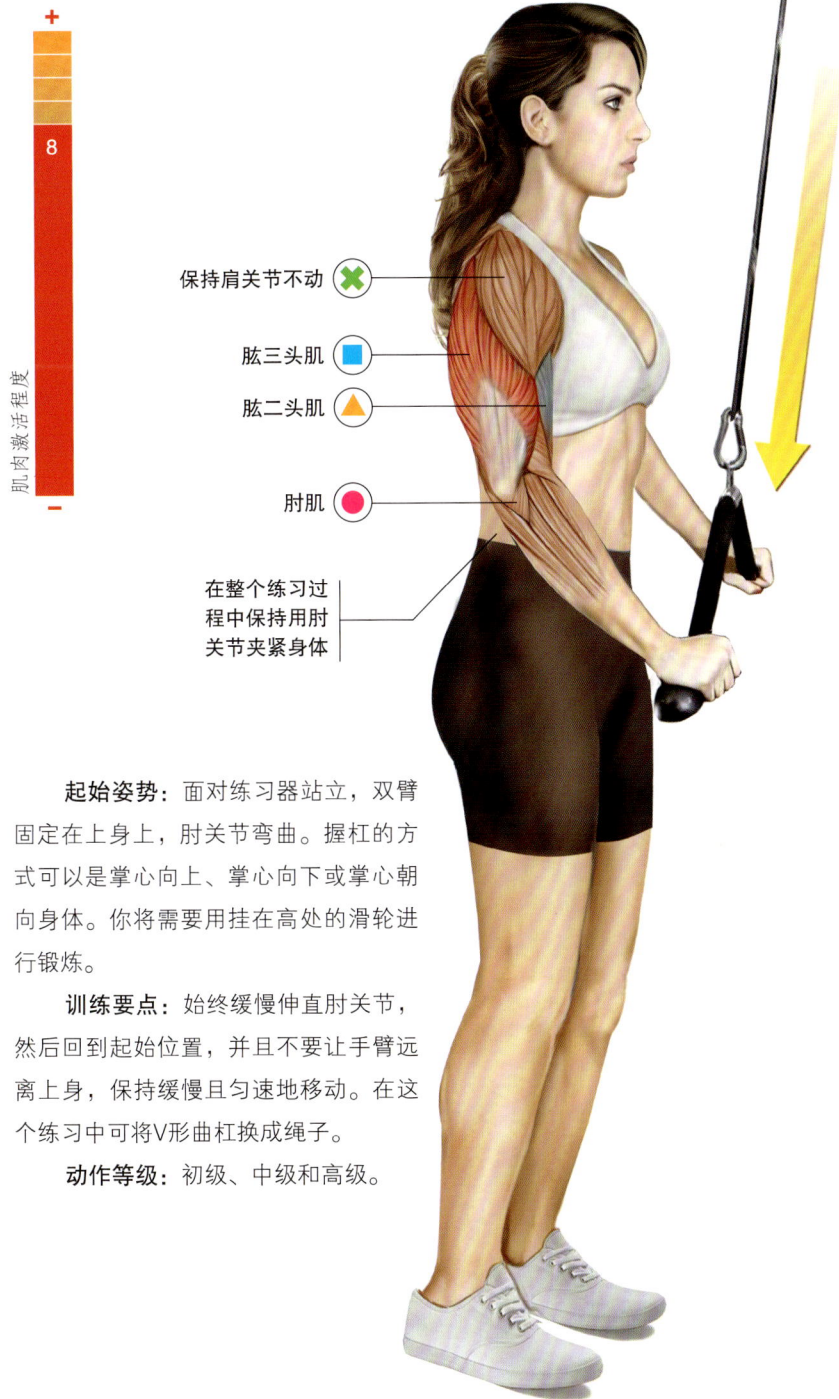

变式训练

开始

结束

起始姿势： 面对练习器站立，双臂固定在上身上，肘关节弯曲。握杠的方式可以是掌心向上、掌心向下或掌心朝向身体。你将需要用挂在高处的滑轮进行锻炼。

训练要点： 始终缓慢伸直肘关节，然后回到起始位置，并且不要让手臂远离上身，保持缓慢且匀速地移动。在这个练习中可将V形曲杠换成绳子。

动作等级： 初级、中级和高级。

⚠ **注意事项**

通过用双脚前后站立或与肩同宽平行站立来保持较好的支撑。即使使用了较大的阻力，这也将增进稳定性。

🛑 **需避免的常见错误**

在移动过程中避免弯曲和伸展肩关节。

起始姿势： 坐在牧师椅上，将背部压向手臂支撑垫。如果没有牧师椅，可使用一般的板凳，但注意板凳不太稳定。保持手臂在头部附近，肘关节弯曲，使得哑铃在背后悬吊。

训练要点： 在尝试保持肘关节在空中处于一个固定点的同时，伸直肘关节，双臂不要远离头部。继续移动直至肘关节几乎完全绷直，然后回到起始位置。这个练习可由双手握住一只哑铃来完成，也可以一手握住一只哑铃来完成。

动作等级： 中级和高级。

● 肘肌

▲ 肱二头肌

■ 肱三头肌

✖ 肩胛带肌

保持背部挺直

6,5

肌肉激活程度

变式训练

开始

结束

🛑 **需避免的常见错误**

避免在练习过程中举起和放低肘关节，而应一直将它们保持在头部附近。

⚠ **注意事项**

避免过分弓背。如果有牧师椅，可以使用它。

肌肉激活程度

起始姿势：抓住双杠，向上引体直至肘关节完全伸直，弯曲膝关节并短暂保持。

训练要点：屈肘，使身体慢慢下降，直至上臂与双杠平行。然后将身体向后推，伸直手臂。在整个移动过程中尽可能保持躯干挺直，这样才可能限制使用胸肌。

动作等级：中级和高级。

背部肌肉

三角肌前束

肱三头肌

肱二头肌

肘肌

如果双杠有窄距和宽距两种供选择，那么应使用窄距双杠

STOP 需避免的常见错误

避免上身前倾。

⚠ 注意事项

身体下降时需特别小心，因为骤然下降会损伤肩关节。

变式训练

开始

结束

+

肌肉激活程度

5,5

-

肱三头肌

肩胛带肌 ✗

保持支
撑臂微
微弯曲

肱二头肌 ▲

STOP **需避免的常见错误**

避免放低做动作的手臂一侧的肩
关节。

肘肌

⚠ **注意事项**

保持空置的手臂与板凳接触，以避
免背部承受过大的压力。

起始姿势：单腿站立，膝关
节微微弯曲，或者一只脚放在地面
上，另一侧的膝关节压在板凳上。
保持上身前倾，空置的手支撑在板
凳上。握哑铃一侧的手臂须与地面
平行，肘关节必须弯曲。

训练要点：绷紧肘关节，不
让它向下移动，保持上臂与地面平

行。手臂完全伸展，让哑铃缓慢向
后、向下移动。在整个移动过程中
控制好速度和方向。

动作等级：中级和高级。

变式训练

开始　　　　　　　　　　　　　　　　　　　　　　　　结束

肌肉激活程度

确保杠铃上安置了安全锁，因为窄握会降低稳定度

肱二头肌 ▲

胸肌 ●

肱三头肌 ■

肩胛带肌 ✖

起始姿势： 躺在平放的板凳上，双手握住杠铃，握距大约为一个手掌宽度，保持肘关节伸直。

训练要点： 从支撑架上举起杠铃，然后屈肘将其放低到胸前，抵达底端后做反向运动。在动作过程中不要将肘部向外移动。

动作等级： 高级。

STOP 需避免的常见错误

避免使用过宽的握距。

⚠ 注意事项

使背部紧压在板凳上，但保持脊柱自然弯曲。

变式训练

开始

结束

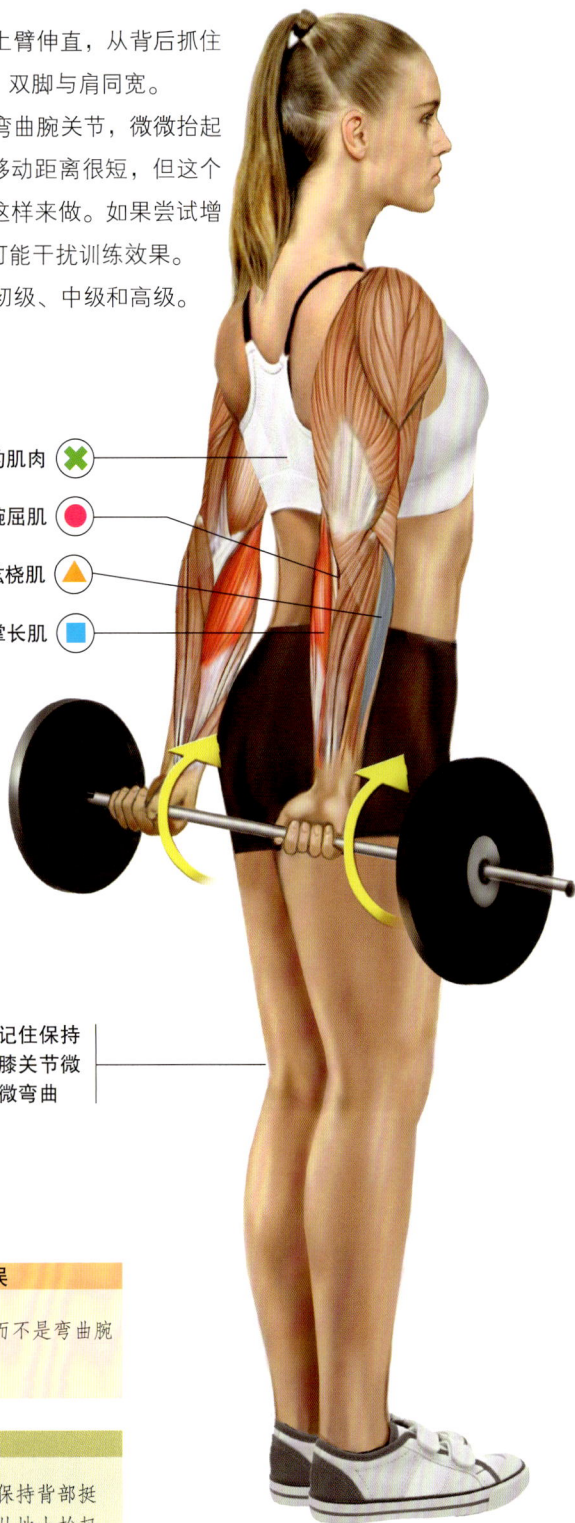

起始姿势：上臂伸直，从背后抓住杠铃，掌心向后，双脚与肩同宽。

训练要点：弯曲腕关节，微微抬起杠铃。你将看到移动距离很短，但这个动作本来就应该这样来做。如果尝试增加移动距离，就可能干扰训练效果。

动作等级：初级、中级和高级。

肌肉激活程度

上背部的肌肉 ❌

尺侧腕屈肌 ⬤

肱桡肌 🔺

掌长肌 🟦

记住保持膝关节微微弯曲

🛑 **需避免的常见错误**

避免在举起杠铃时耸肩而不是弯曲腕关节。

⚠️ **注意事项**

当从地上抬起杠铃时，保持背部挺直，弯曲膝关节。避免从地上抬起杠铃和放下杠铃时弓背。

变式训练

开始

结束

跪姿反握杠铃腕弯举

起始姿势：采用跪姿，将前臂置于板凳上，双手抓起杠铃，掌心向下。

训练要点：伸直腕关节，抬起杠铃，保持前臂与板凳始终接触。随后放低杠铃，重复动作。

动作等级：初级、中级和高级。

肌肉激活程度

+

8

−

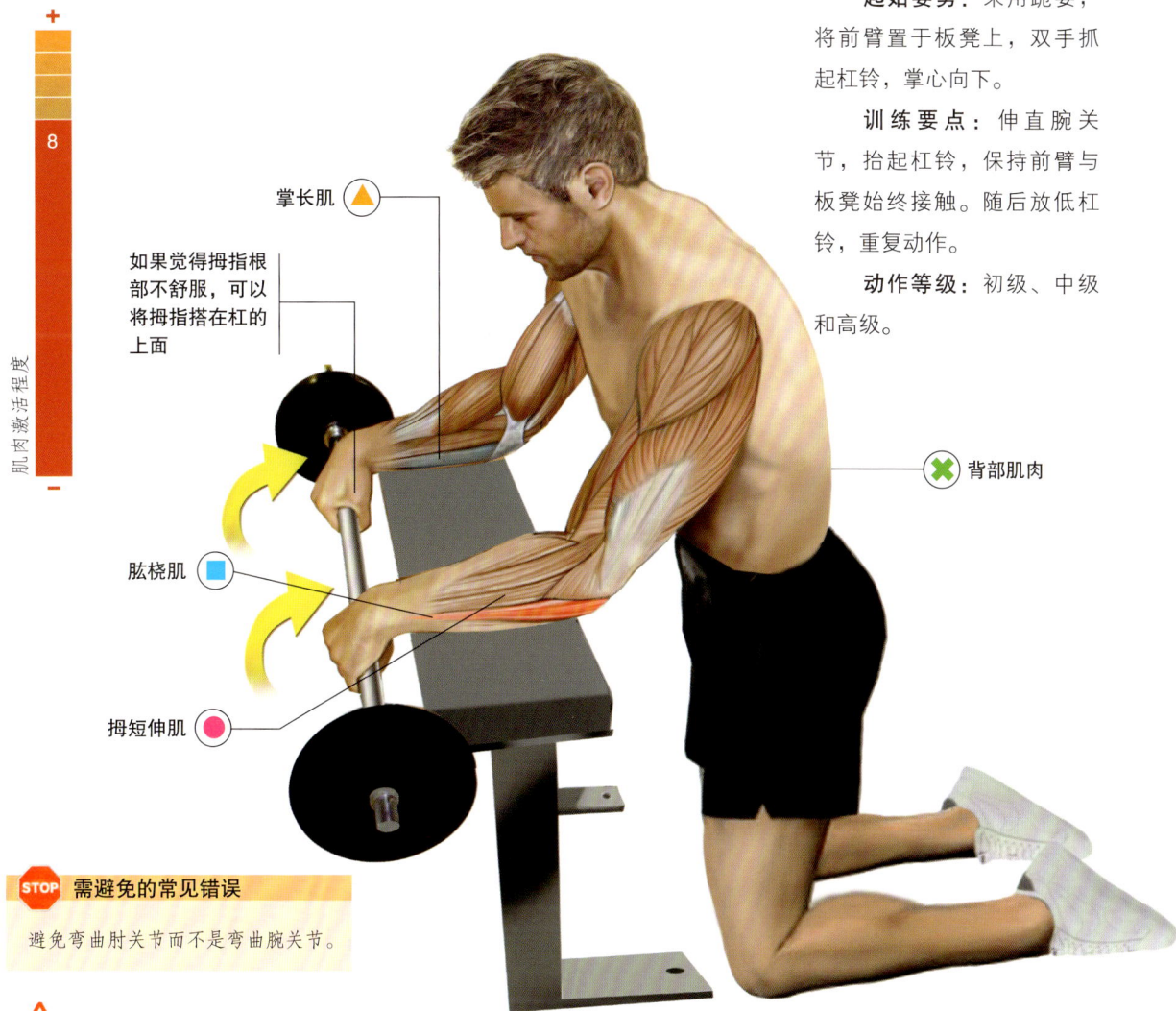

掌长肌 ▲

如果觉得拇指根部不舒服，可以将拇指搭在杠的上面

肱桡肌 ■

拇短伸肌 ●

背部肌肉 ✖

STOP 需避免的常见错误

避免弯曲肘关节而不是弯曲腕关节。

⚠ 注意事项

将前臂置于板凳上。

变式训练

开始

结束

坐姿正握杠铃腕弯举

肌肉激活程度

起始姿势：采用坐姿，将前臂放在大腿上，两手反握杠铃，绷直腕关节。

训练要点：弯曲腕关节，抬起杠铃，然后回到起始位置，重复动作。

动作等级：初级、中级和高级。

背部肌肉

- 掌长肌
- 肱桡肌
- 尺侧腕屈肌

不要使用较大的重量

STOP 需避免的常见错误

保持双臂处于稳定的位置。

⚠ 注意事项

将前臂放在大腿上，避免在背部施加压力。

变式训练

开始

结束

肌肉激活程度

+

6

−

变式训练

开始

上身肌肉 ✖

● 肱二头肌

■ 肱桡肌

▲ 掌长肌

起始姿势：站姿，保持肘关节伸直，上臂靠近上身。双手抓住杠铃，掌心向下。

训练要点：弯曲肘关节，保持双臂靠近上身两侧，绷直腕关节。

动作等级：初级、中级和高级。

在动作过程中，保持腕关节向上伸展

结束

🛑 **需避免的常见错误**

避免身体摇晃和背部发力。

⚠ **注意事项**

保持肩关节不动，避免使用三角肌。

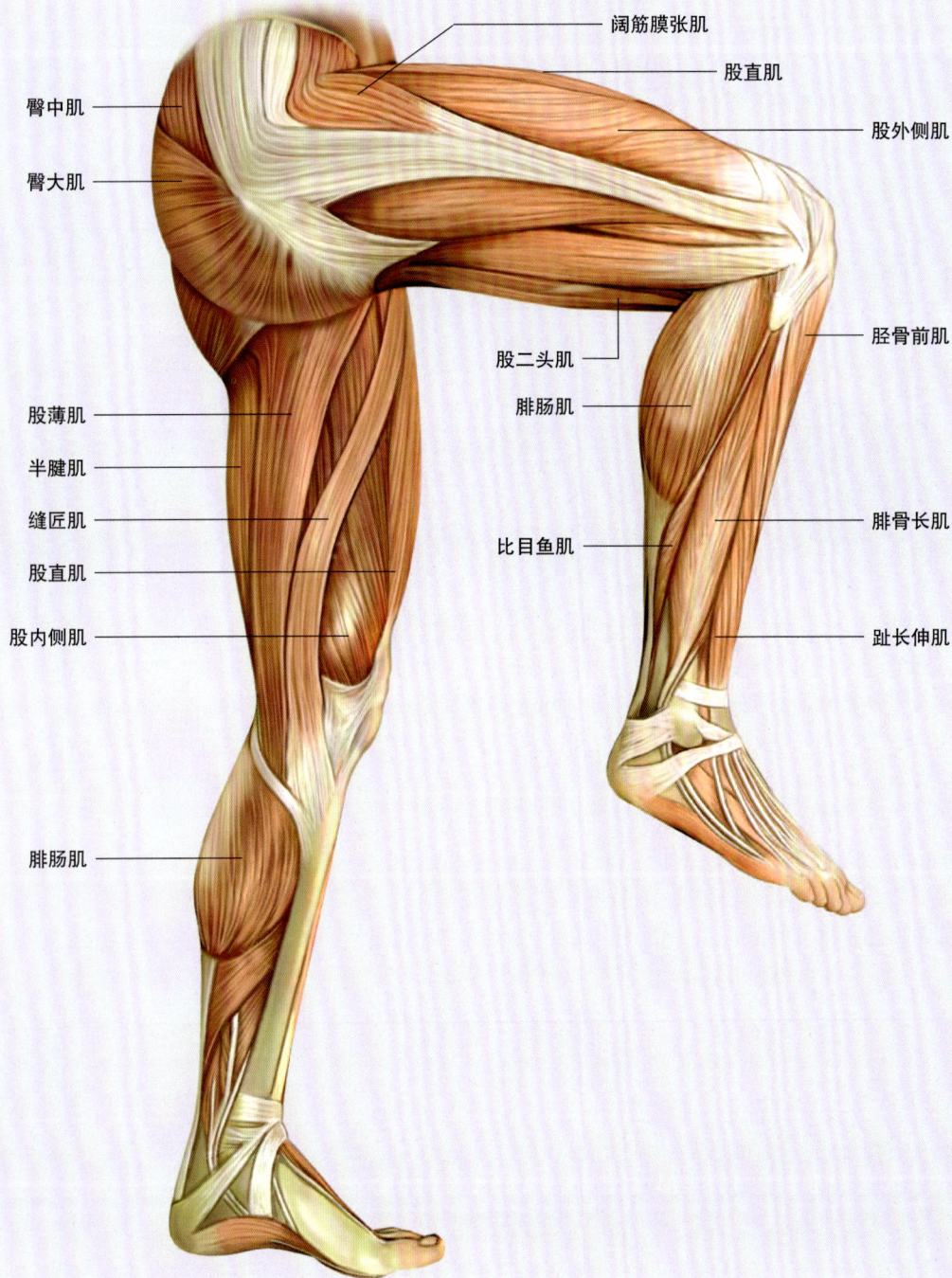

腿部

阔筋膜张肌

股直肌

股外侧肌

臀中肌

臀大肌

胫骨前肌

股二头肌

腓肠肌

股薄肌

半腱肌

缝匠肌

股直肌

股内侧肌

比目鱼肌

腓骨长肌

趾长伸肌

腓肠肌

广义上来讲，腿部是位于臀部与脚踝之间的下肢部分。腿部是健身者通常会忽视的身体部分，但是一个美观悦目、功能平衡的身体需要发达的双腿。从审美角度来看，腿部可以平衡上半身和下半身的大小；从功能角度来看，我们的下肢使得一些活动成为可能，例如散步、跑步、跳跃、骑行等。

股四头肌

这是身体上最大的一块肌肉。它由4块较小的肌肉组成，并汇合于大腿前侧。

股直肌：这块肌肉起于髂前下棘，并与另外三块肌肉汇聚于股四头肌腱，一直伸向髌骨，在此处它被称为髌骨肌腱，并反过来止于胫骨前结节。

股内侧肌：这块肌肉分布在股骨近端骨骺。

股外侧肌和股内侧肌：这两块肌肉起于骨骺，并止于股骨近端三分之一处。

股四头肌是使人站立和移动的很有力的肌肉，因为它的主要作用是使膝关节伸直。这块肌肉在所有涉及移动和跳跃的运动中很重要，它被用于所有运动项目中，尤其是跳远、跳高、三级跳以及所有跑步项目中。它也被较多地用于团体项目中，比如足球、室内足球、排球和篮球等。

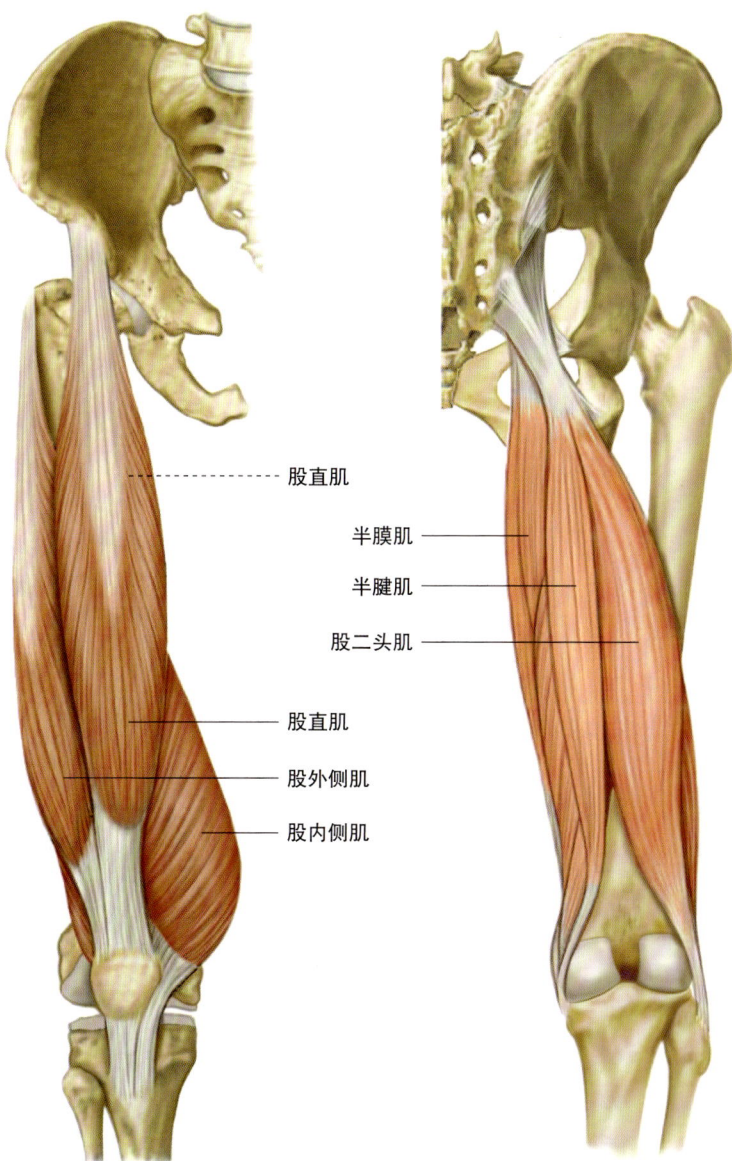

股直肌

半膜肌
半腱肌

股二头肌

股直肌
股外侧肌
股内侧肌

腘绳肌

　　该肌群由大腿后侧的三块肌肉组成，它们的作用是弯曲膝关节。

　　股二头肌：这块肌肉长头起自坐骨结节，短头起自股骨粗线外侧唇下半部，在膝盖的下方，止于胫骨和腓骨近端骨骺。

　　半腱肌：这块肌肉起自坐骨结节，止于胫骨骨干的近端部分。

　　半膜肌：这块肌肉起自坐骨结节，止于胫骨的近端骨骺。

　　这个肌群被用在诸如比赛之始的突然加速这类活动中，所以它们在需要快速移动的运动项目中经常受到损伤。这些移动包括快速启动、快速停止以及改变运动方向，这类运动项目包括足球、网球、100米短跑等。

腓肠肌

　　这块肌肉一般被称为"小腿"，实际上位于小腿的后侧。它包括内侧和外侧两部分，并出现在股骨的远端骨骺两侧。它与比目鱼肌一起止于跟腱，位于脚跟骨的后部。它的主要作用是在脚踝处做足底弯曲，能使我们踮起脚尖，所以它在节奏运动、体操、芭蕾等项目中很重要。

比目鱼肌

　　这块肌肉位于小腿的后侧，它的主要作用是与腓肠肌一起在脚踝处做足底弯曲。实际上我们可将这两块肌肉称为腓肠三头肌。它出现在腓骨近端骨骺以及胫骨和腓骨的骨干处。它与腓肠肌一起止于跟腱，并在同样的运动项目中被用到。

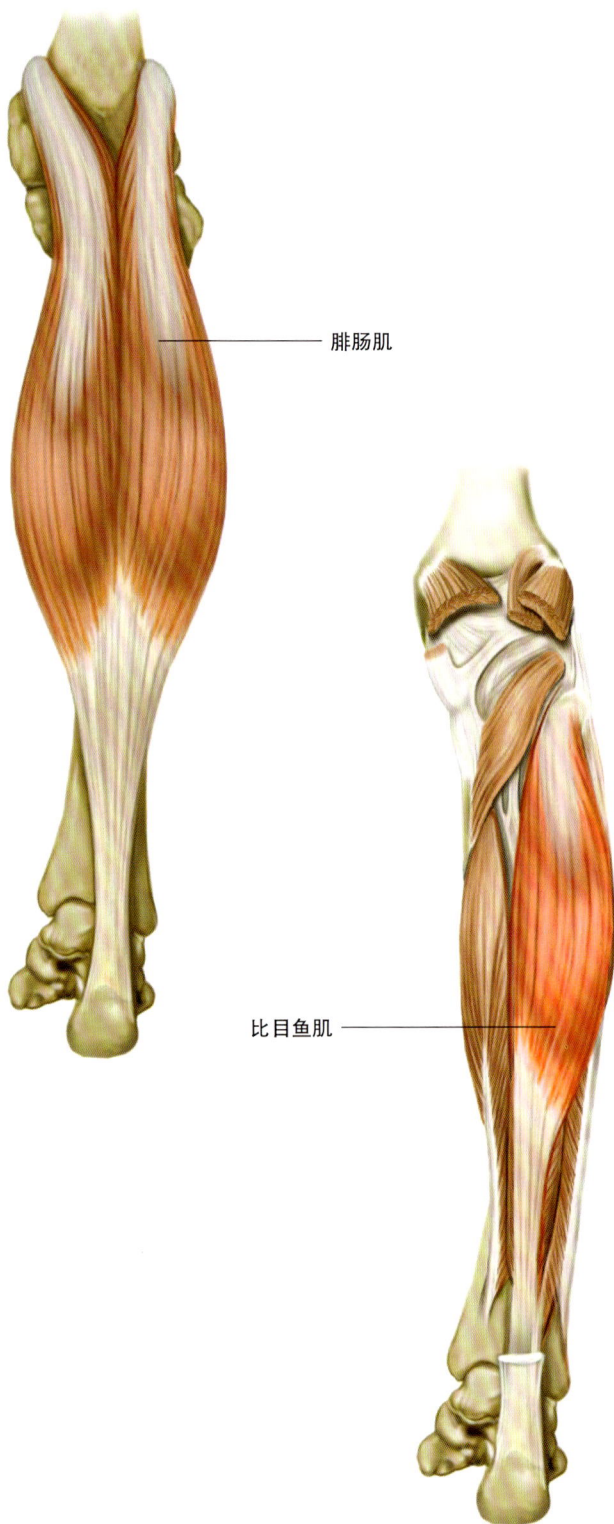

腓肠肌

比目鱼肌

外展肌

　　尽管有一些肌肉也包含同样的外展功能，但当提到髋部的外展肌时，我们主要指的是阔筋膜张肌。这块肌肉起于髂嵴、筋膜张肌和髂棘，止于胫骨的近端骨骺。它的主要作用是使髋部外展，即使下肢从身体中轴线向外移动。它可使双腿分开，被用于柔道中的横向移动，以及跆拳道和空手道中的移动和踢腿。

内收肌

　　这个肌群包括大收肌、短收肌和长收肌，起于趾骨，止于股骨骨干，主要作用是使髋部内收，即使下肢向身体中轴线移动。它们使得双腿可以并拢，所以它们在诸如柔道（涉及双腿的动作）和足球（向里传球）等运动项目中很重要。

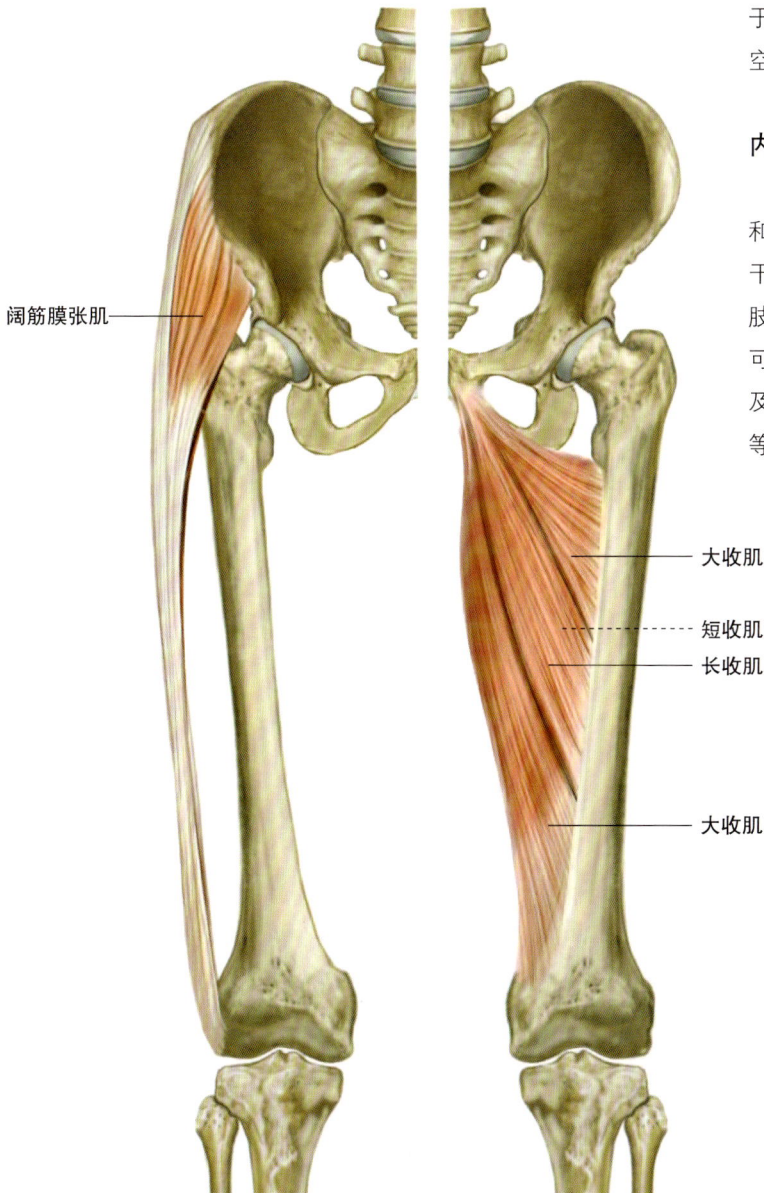

阔筋膜张肌

大收肌

短收肌

长收肌

大收肌

变式训练

开始

股四头肌 ■

保持背
部挺直

✖ 腰部肌肉

● 臀肌

▲ 腘绳肌

肌肉激活程度

结束

起始姿势： 双脚与肩同宽，保持膝关节绷直但不被锁死，双手紧握杠铃并置于颈后。

训练要点： 向前倾斜上身，弯曲膝关节，直至成90°。保持背部挺直，缓慢下降，随后回到初始位置。

动作等级： 高级。

STOP **需避免的常见错误**

避免膝关节的弯曲角度超过90°，否则会伤到半月板。

⚠ **注意事项**

在移动的最低阶段，可以稍微向前倾斜上身来保持平衡，但应避免弓背。

肌肉激活程度

4

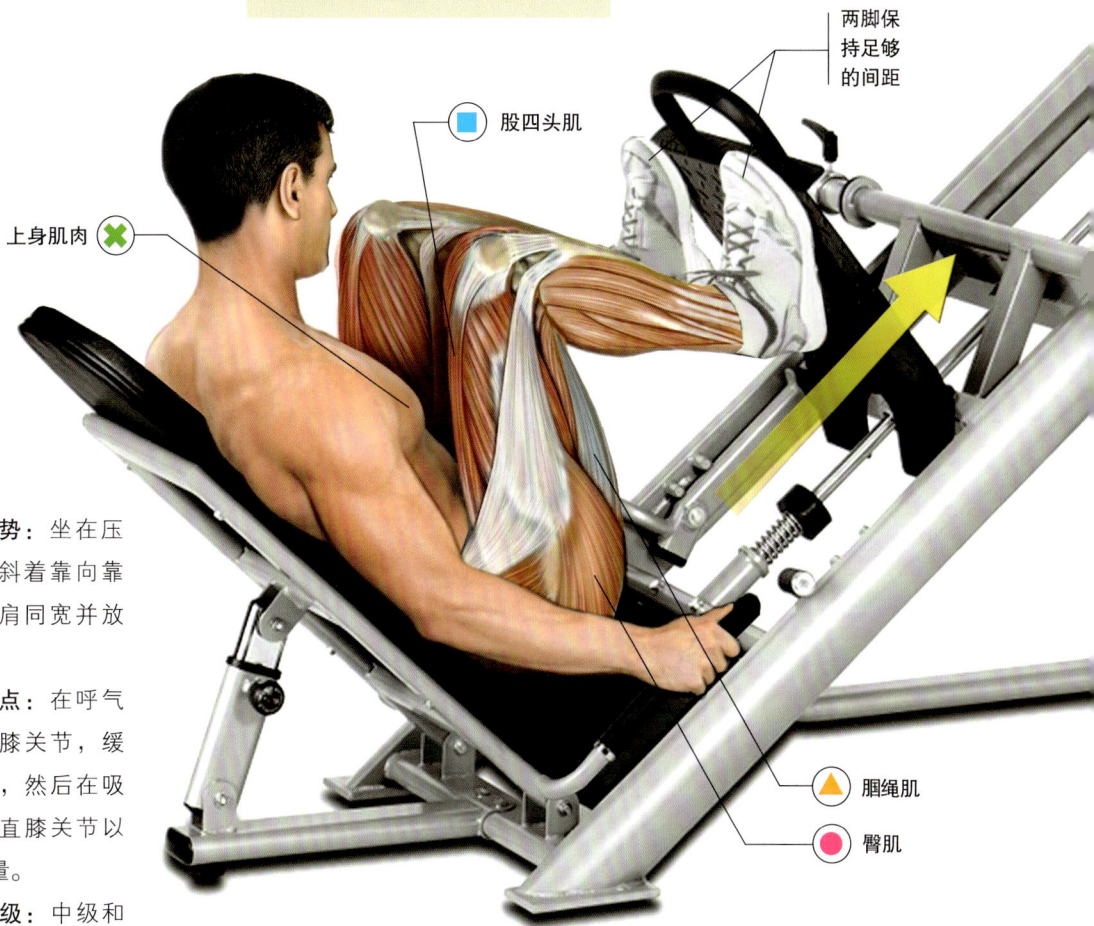

两脚保持足够的间距

股四头肌

上身肌肉

腘绳肌

臀肌

起始姿势：坐在压腿机上，倾斜着靠向靠背，两脚与肩同宽并放在踏板上。

训练要点：在呼气的同时弯曲膝关节，缓慢放低重量，然后在吸气的同时伸直膝关节以向上推起重量。

动作等级：中级和高级。

变式训练

开始

结束

肌肉激活程度

2,5

肩胛带肌 ✖

臀肌 ●

腘绳肌 ▲

股四头肌 ■

保持两脚
与肩同宽

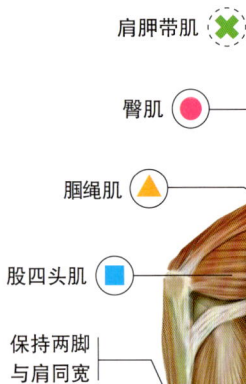

STOP **需避免的常见错误**

避免弓背，因为这将导致脊柱
损伤。

⚠ **注意事项**

膝关节的弯曲角度不要超过90°。

变式训练

开始

结束

起始姿势：站姿，让辅助
垫压向肩部，膝关节绷直但不
被锁死。双手抓住两侧把手，
把手通常位于肩关节前方或靠
近髋关节处。

训练要点：弯曲膝关节使
其不小于90°，放低练习器，
然后回到起始位置。在膝关节
达到最大伸展点时，确保关节
不被锁死。

动作等级：中级和高级。

肌肉激活程度

2,5

肩胛带肌

股四头肌

阔筋膜张肌

手握把手，
使身体保持
稳定

腘绳肌

起始姿势：坐在
练习器上，膝关节弯
曲，脚踝置于辅助垫下
方，背部恰当地靠在
辅助垫上进行支撑。

训练要点：伸直
膝关节，推动圆形或
平板形辅助垫，在
肌肉达到最大收缩时
保持不动一小段时间，然后通过使辅
助垫轻轻下降回到起始位置。

动作等级：初级、中级和高级。

STOP 需避免的常见错误

确保正确地调节了圆形或平板形辅
助垫，以使其恰好位于脚踝前方。
如果辅助垫被放得太低，将在脚踝
处施加很大的压力。

⚠ 注意事项

保持膝关节与练习器平行。

变式训练

开始

结束

肩胛带肌 ✖

可以使用辅助垫或毛巾来减轻杠铃施加于肩部的压力，尤其当使用较大的重量时

股四头肌 ■

臀肌 ●

腘绳肌 ▲

肌肉激活程度 + 2,5 −

变式训练

开始

结束

起始姿势： 双脚与肩同宽，将杠铃放在肩的前面，端起肘关节以保持平衡，如图所示。

训练要点： 身体下降，弯曲髋关节和膝关节，直至大约成90°角。保持移动过程缓慢且平稳可控，然后回到起始位置，确保膝关节不被锁死。

动作等级： 高级

🛑 **需避免的常见错误**

避免膝关节前伸得太远而不能蹲得更深，因为这样会损伤半月板以及在脚踝上施加过多的压力。

⚠ **注意事项**

在整个练习过程中保持背部挺直，以维持脊柱自然弯曲。

起始姿势： 脸朝下躺在练习器上，保持腿部伸直，辅助垫位于脚踝后侧。

训练要点： 弯曲膝关节，抬起辅助垫。一旦已经抬起重量，缓慢反向移动，且在下降时不要使辅助垫重重撞击支撑架。

动作等级： 初级、中级和高级。

⚠ **注意事项**

应注意运动速度和重量，因为这些肌肉并不是特别强壮，所以它们很容易遭受突然移动造成的损伤。

使用较小的重量，尤其是对于健身初学者

肌肉激活程度

5

股二头肌 ●

腘绳肌 ■

通过持续不断的压力来固定骨盆 ✖

股四头肌 ▲

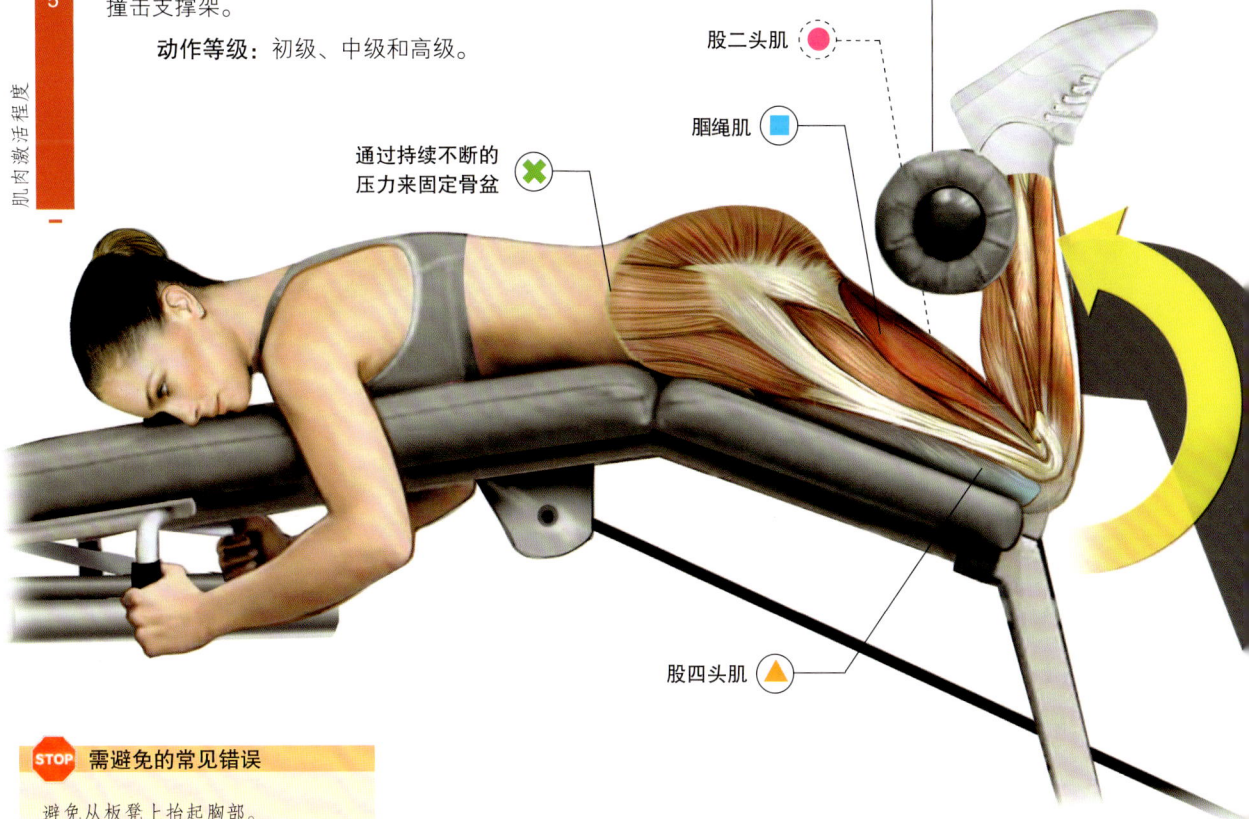

🛑 **需避免的常见错误**

避免从板凳上抬起胸部。

变式训练

开始

结束

肌肉激活程度

2

股四头肌 ▲

上身肌肉 ✖

调节可移动的辅助垫，以使其恰好位于脚踝下方

股二头肌 ●
腘绳肌 ■

起始姿势：采用坐姿，保持膝关节伸直，调高固定坐垫，使可移动的圆形或平板形辅助垫位于脚踝下方。

训练要点：弯曲膝关节，直至呈90°。保持该姿势，然后缓慢回到起始位置，不要晃动。

动作等级：初级、中级和高级。

STOP 需避免的常见错误

避免将固定坐垫恰好置于膝盖上，而应压在比膝盖高的大腿下部。

⚠ 注意事项

应注意训练开始时所使用的重量，直到学会如何描述自己在练习中的感受。

变式训练

开始　　　　　　　　　　　　　　　　　结束

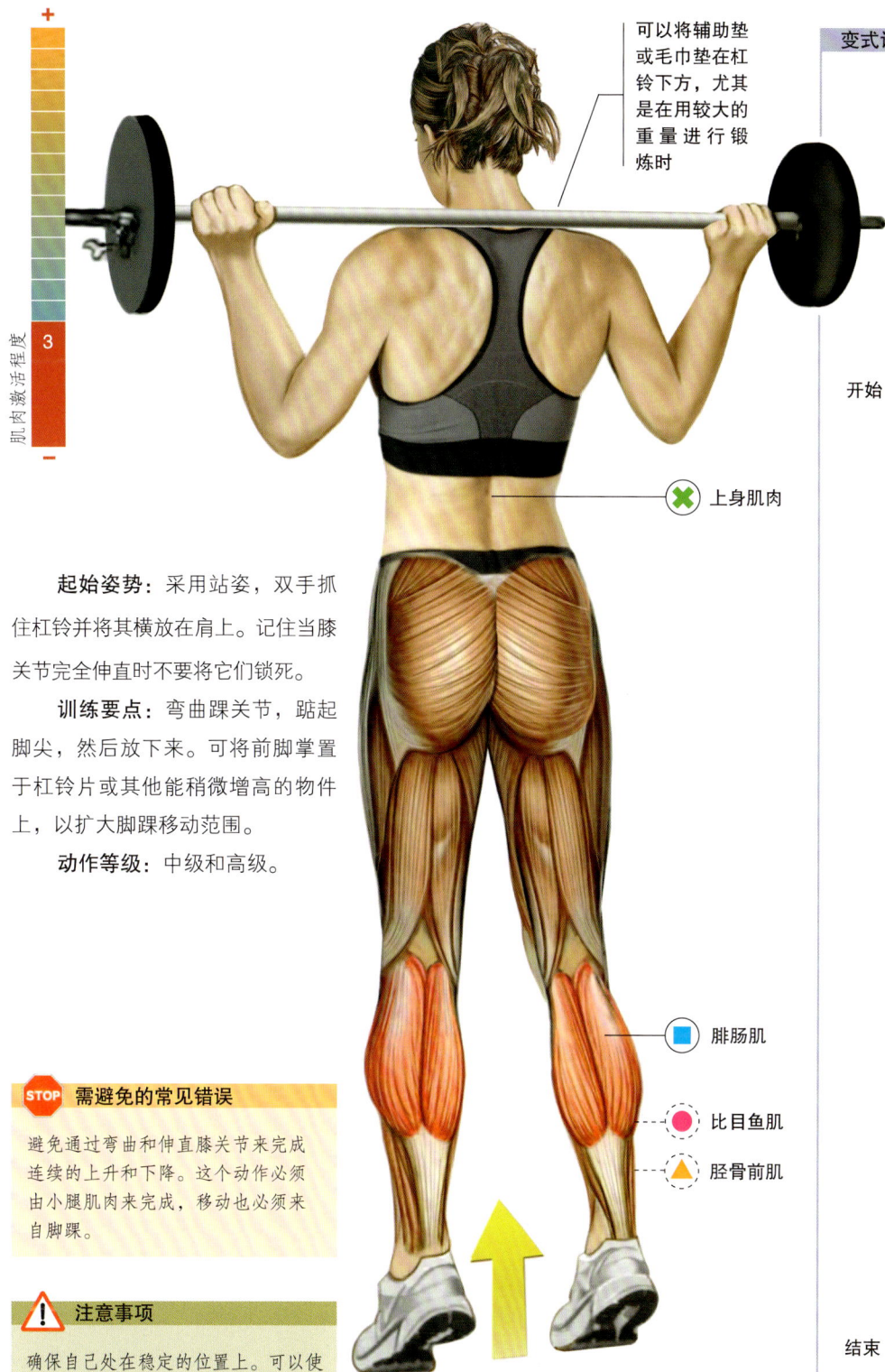

3

可以将辅助垫或毛巾垫在杠铃下方，尤其是在用较大的重量进行锻炼时

上身肌肉

起始姿势： 采用站姿，双手抓住杠铃并将其横放在肩上。记住当膝关节完全伸直时不要将它们锁死。

训练要点： 弯曲踝关节，踮起脚尖，然后放下来。可将前脚掌置于杠铃片或其他能稍微增高的物件上，以扩大脚踝移动范围。

动作等级： 中级和高级。

腓肠肌

比目鱼肌

胫骨前肌

STOP 需避免的常见错误

避免通过弯曲和伸直膝关节来完成连续的上升和下降。这个动作必须由小腿肌肉来完成，移动也必须来自脚踝。

⚠ 注意事项

确保自己处在稳定的位置上。可以使用移动电机或哈克机来做练习，也可以使用健身房里可用的特定机器。

变式训练

开始

结束

肌肉激活程度

2

用于支撑
的手不可
移动，它
只是用于
保持身体
稳定

❌ 上身肌肉

起始姿势：单腿站
立，将前脚掌置于台阶边
缘。单手拿一只哑铃，另
一只手扶住支撑架以保持
身体平衡。

训练要点：踮起支撑
侧的脚尖，弯曲踝关节，
然后回到起始位置。在练
习时避免蹦跳，应利用惯
性。

动作等级：初级、中
级和高级。

🔷 腓肠肌

胫骨前肌 🔺

比目鱼肌 🔴

变式训练

开始

结束

🛑 **需避免的常见错误**

避免在完全伸展状态下锁住膝关节。

⚠️ **注意事项**

尽可能用空闲的手支撑自己以保持平
衡，并保持背部挺直。

肌肉激活程度

+

2

−

STOP 需避免的常见错误

避免一开始就将辅助垫放得过高，因为这将减小移动范围。

⚠ 注意事项

确保脚尖受到很好的支撑。

起始姿势：采用坐姿，将脚尖放在平台上，辅助垫放在膝盖上，以使脚背弯曲的姿势放置脚踝。

训练要点：脚跟尽可能抬高以抬起重量，然后回到起始位置。

动作等级：初级、中级和高级。

❎ 脊柱肌肉

🔴 腓肠肌

🔺 胫骨前肌

🟦 比目鱼肌

将前脚掌放在支撑平台上，但不要让所有的重量都落在脚尖上

变式训练

开始

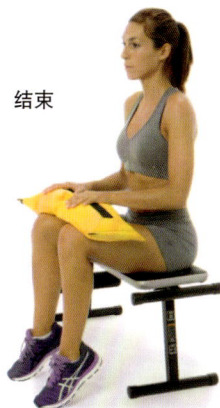
结束

肌肉激活程度

3

+

−

需避免的常见错误

避免将髋关节向前推以及紧压靠背。

缓慢、从容地进行练习，并使用较小或合适的重量

内收肌 ▲

脊柱肌肉 ✖

外展肌 ■

臀中肌和臀小肌 ●

注意事项

将膝关节的外侧置于辅助垫上的恰当位置，使用尽可能大的支撑面，并保持双脚在辅助垫上稳定不动。

起始姿势：两腿并拢坐在椅子上，弯曲膝关节。辅助垫应与膝关节的外侧接触，并且将双脚放在可移动的支撑垫上。

训练要点：通过髋关节外展来使双腿分开，当达到最大分离点时，保持该姿势一小段时间，然后回到起始位置，同时控制阻力的减小。

动作等级：初级、中级和高级。

变式训练

开始

结束

起始姿势： 两腿分开坐在椅子上，保持膝关节的内侧压在辅助垫上，并且将双脚放在支撑垫上不动。

训练要点： 通过髋关节内收来并拢双脚和辅助垫，然后回到起始位置，注意控制练习的速度，这样就能在移动范围内的任何一处立即停顿。

动作等级： 初级、中级和高级。

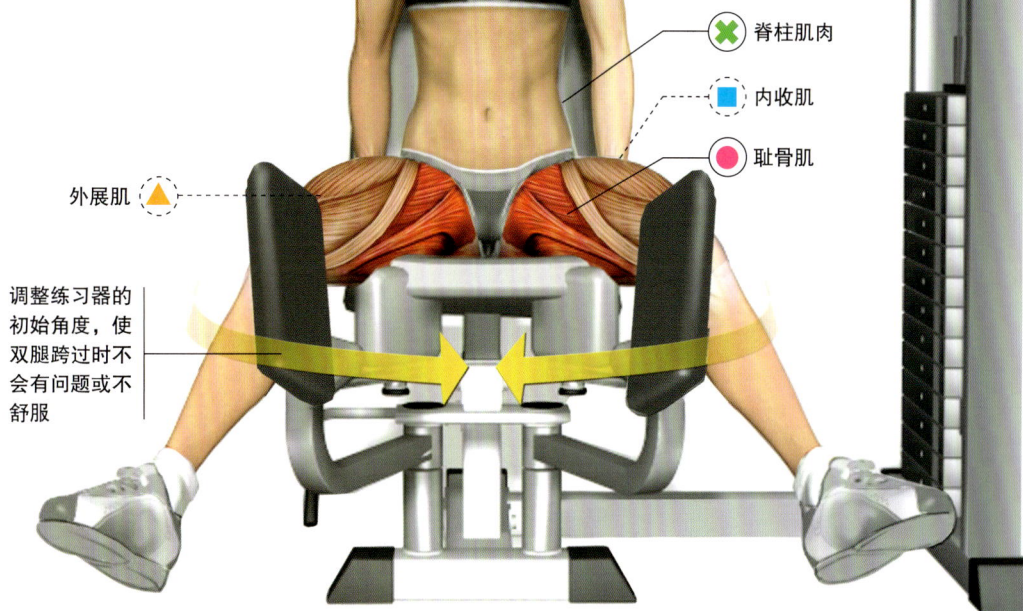

- ❌ 脊柱肌肉
- 🟦 内收肌
- 🔴 耻骨肌

🔺 外展肌

调整练习器的初始角度，使双腿跨过时不会有问题或不舒服

肌肉激活程度

3

🛑 **需避免的常见错误**

避免很短的移动，最好减小用来练习的重量，并做更多强度高的移动动作。

⚠️ **注意事项**

调整练习器上的重量和最大伸展度，避免受伤。

变式训练

开始

结束

臀部

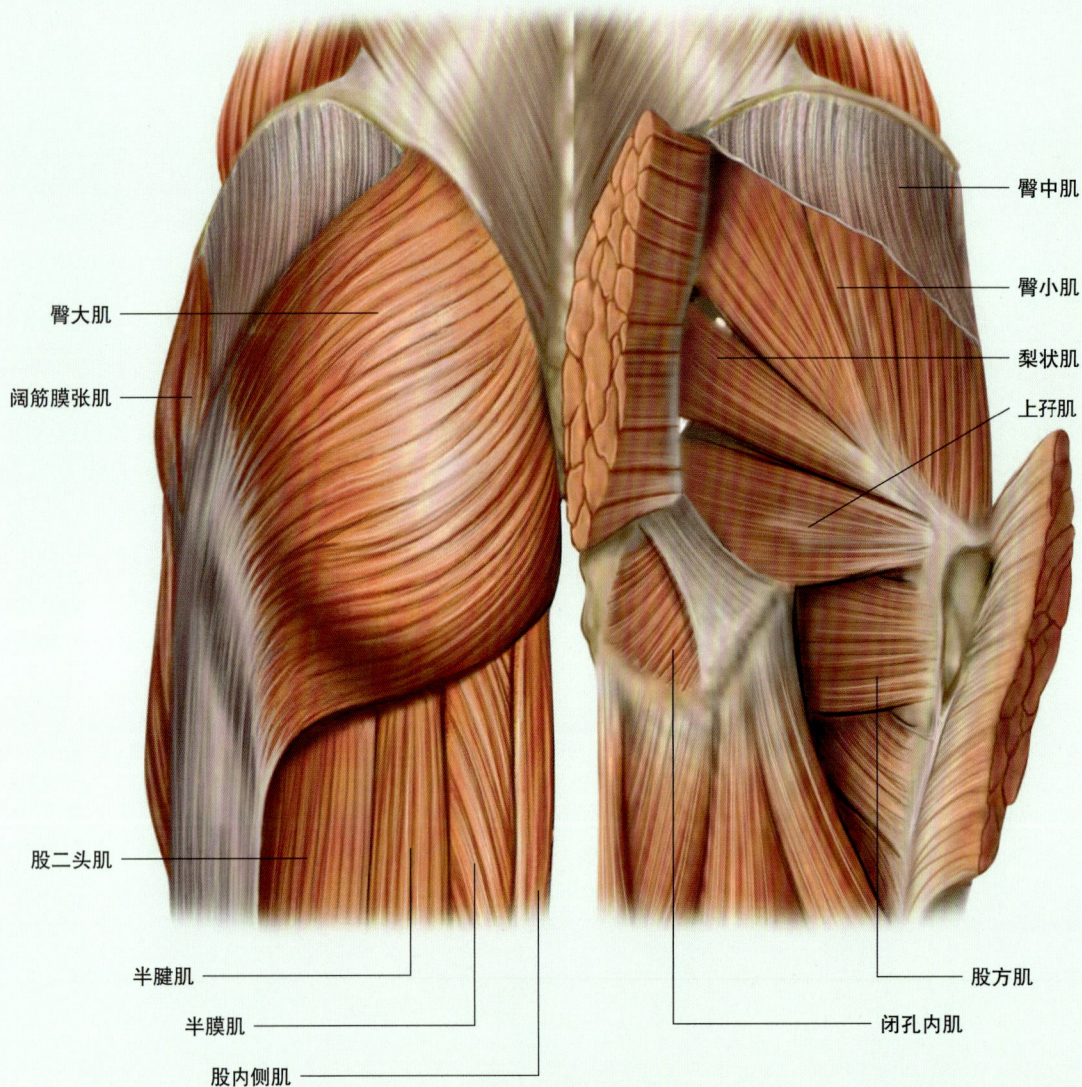

臀大肌

阔筋膜张肌

臀中肌

臀小肌

梨状肌

上孖肌

股二头肌

半腱肌

半膜肌

股内侧肌

股方肌

闭孔内肌

这些肌肉位于臀部区域，包括臀大肌、臀中肌和臀小肌。本部分将主要介绍臀大肌的锻炼方法，因为它是参与髋关节伸展的最大也是最主要的肌肉。臀中肌和臀小肌参与髋关节外展。我们会在本部分的练习和外展练习部分中介绍针对它们的锻炼方法。

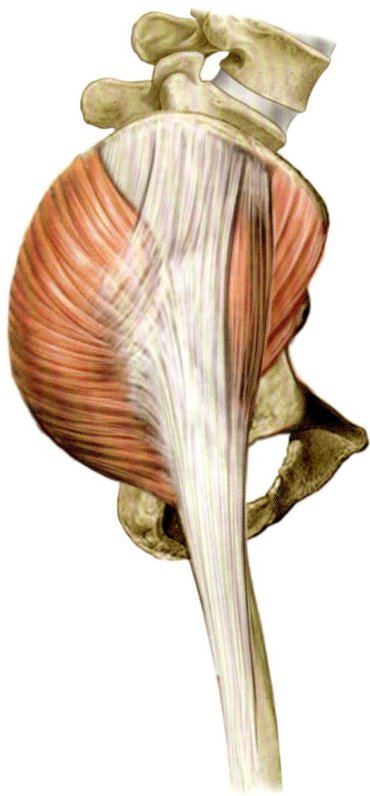

臀大肌

这块肌肉起自髂骨、骶、尾骨及骶结节韧带的背面，止于股骨的近端三分之一处。如前所述，它的主要作用是伸展髋关节，因此在跳跃或快速启动时会被用到。这就是说臀大肌在大多数的运动项目中是很重要的肌肉，比如100米和200米短跑、跳高、跳远、三级跳等。它也被用在涉及快速移动的个人及团体运动项目中，例如橄榄球、美式足球、网球和曲棍球等。

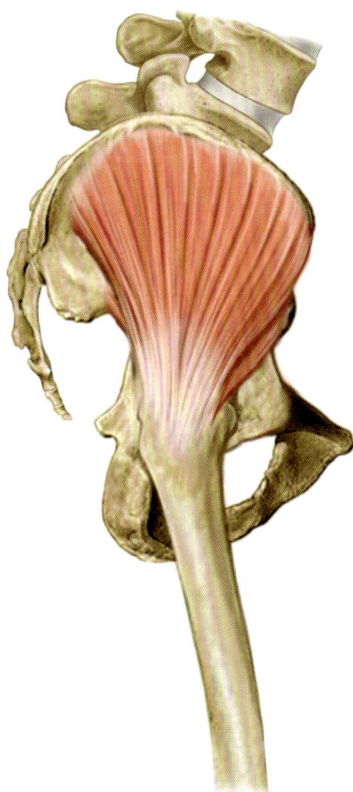

臀中肌

这块肌肉起于髂嵴的后部，止于股骨大粗隆。它的主要作用是外展髋关节，因此在需要横向移动的活动中会被用到，例如韵律体操、舞蹈以及大多数的团体运动中。

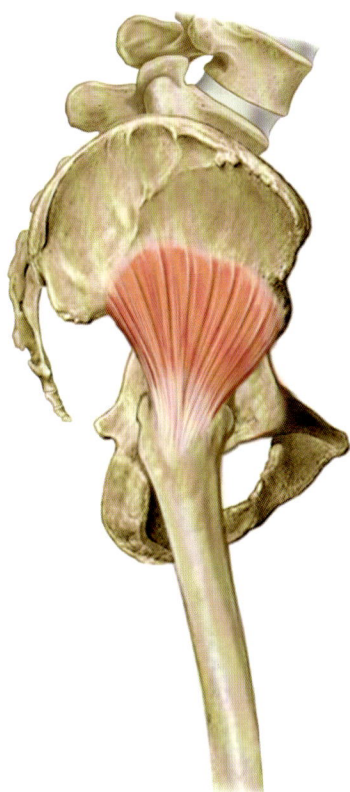

臀小肌

这块肌肉起于髂嵴的外侧，止于股骨大粗隆。它的主要作用是与臀中肌一起使髋关节外展，并在与之同样类型的活动中被用到。

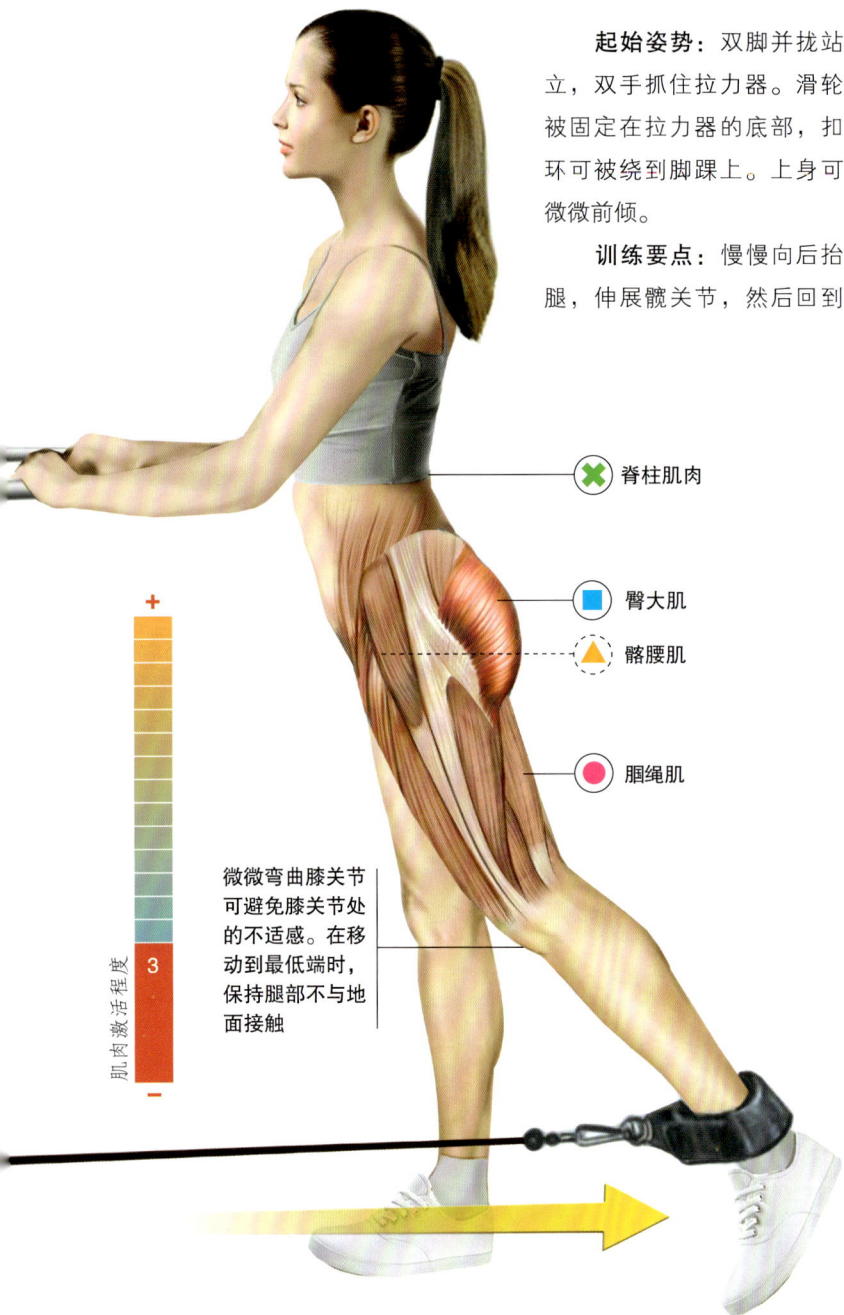

起始姿势：双脚并拢站立，双手抓住拉力器。滑轮被固定在拉力器的底部，扣环可被绕到脚踝上。上身可微微前倾。

训练要点：慢慢向后抬腿，伸展髋关节，然后回到起始位置。记住膝关节在整个移动过程中应保持微微弯曲。这个动作涉及向后移动腿部并带动脚踝，像踢腿一样。

动作等级：初级、中级和高级。

⊗ 脊柱肌肉

■ 臀大肌

△ 髂腰肌

● 腘绳肌

肌肉激活程度

+

3

−

微微弯曲膝关节可避免膝关节处的不适感。在移动到最低端时，保持腿部不与地面接触

变式训练

开始

结束

🛑 **需避免的常见错误**

即使在整个移动过程中保持膝关节微微弯曲，也应避免将练习转为膝关节弯曲而不是髋关节伸展。

⚠ **注意事项**

抓住练习器以保持身体稳定，保持双手远离钢丝或钢板。

起始姿势：身体下降，将四肢放在垫子上，将一只脚的脚踝放在另一只上。

训练要点：抬腿，脚底朝上，然后放低这条腿，直到它与另一条腿几乎平行，但不与地面接触。记住移动到最底端时膝关节将弯曲大约90°。

动作等级：初级、中级和高级。

+

肌肉激活程度

1,5

−

⚠ **注意事项**

确保在开始做动作之前身体被三个支撑点固定在一个稳定的位置上，并始终保持背部挺直，直至动作结束。

🛑 **需避免的常见错误**

避免过分弯曲膝关节，因为这会让大腿后侧弯曲。

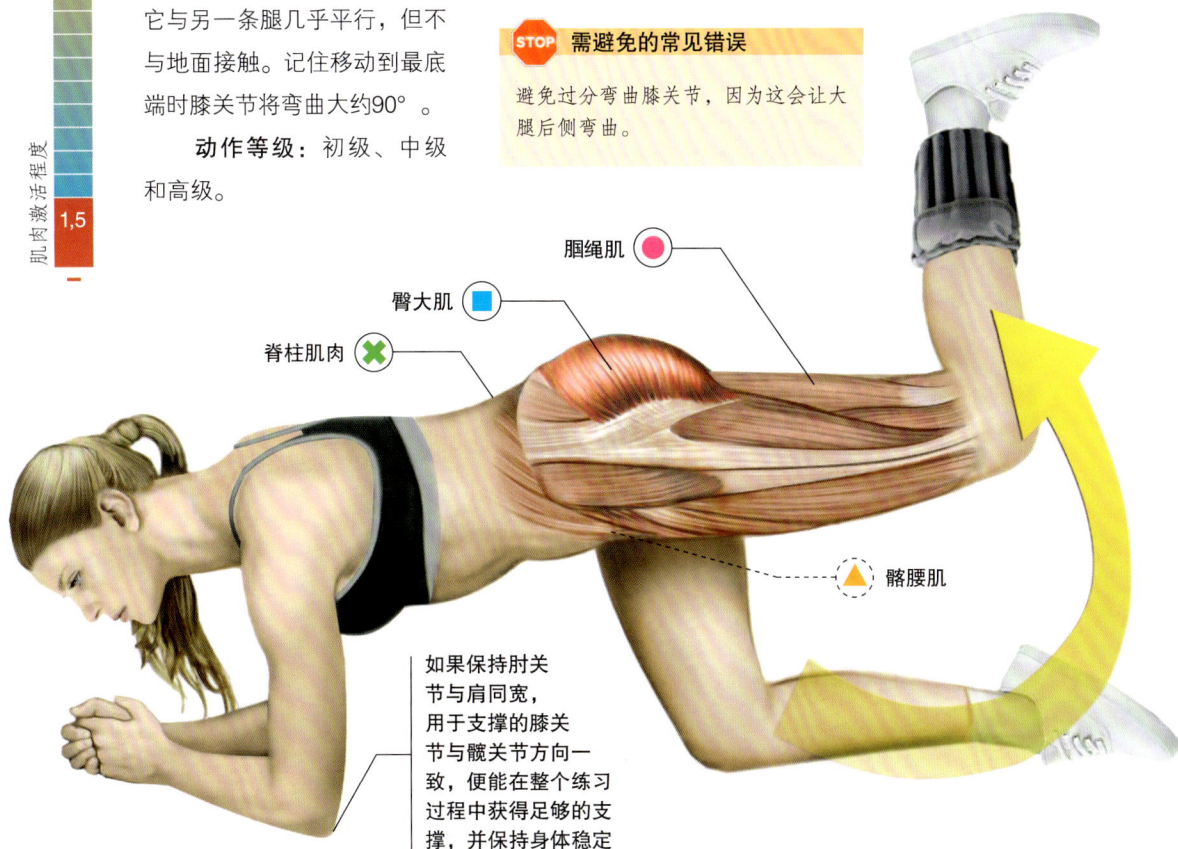

腘绳肌 🔴

臀大肌 🟦

脊柱肌肉 ❌

髂腰肌 🔺

如果保持肘关节与肩同宽，用于支撑的膝关节与髋关节方向一致，便能在整个练习过程中获得足够的支撑，并保持身体稳定

变式训练

开始

结束

股四头肌 ●

为保护背
部，应避免
弯曲上身

❌ 脊柱肌肉

🔺 髂腰肌

🟦 臀大肌

肌肉激活程度

2

开始

结束

STOP 需避免的常见错误

当抵达最低点时，如果膝关节弯曲角度小于90°，则表明双腿靠得太近。如果膝关节弯曲角度远大于90°，则表明双腿分开得太远。在上述两种情况下，都需要调整起始姿势。

⚠ 注意事项

在移动过程中始终确保膝关节弯曲角度不超过90°。

起始姿势：将杠铃跨放在双肩上，双手抓住杠铃，双腿前后分开站立，保持上身与地面垂直。

训练要点：降低身体，直至后腿膝盖触地，但不要用力接触地面。保持背部挺直且与地面垂直，直至处于弓箭步姿势，然后绷直膝关节回到起始位置。

动作等级：初级、中级和高级。

仰卧桥式挺臀

起始姿势：仰卧在软垫上，背部和脚底置于地面上，膝关节弯曲，颈部放松。

训练要点：通过伸直髋关节来抬起骨盆，直至上身与大腿成一条直线。如果这个动作对你来说太容易，可在髋部放上杠铃片、哑铃或沙包，这样会增加阻力。

动作等级：初级、中级和高级。

🛑 **需避免的常见错误**

避免压迫颈椎区域使其绷直或试图绷直。

⚠️ **注意事项**

确保背部挺直并与大腿成一条直线，不要向一侧倾斜。

肌肉激活程度

2

腘绳肌

髂腰肌

脊柱肌肉

臀大肌

在移动到最高点时，身体应由双脚和背部上部支撑，而不应由颈部后侧来支撑

变式训练

开始

结束

肌肉激活程度

起始姿势： 上身俯卧在板凳上，双手抓住板凳末端。髋关节和膝关节需要弯曲，也可以用脚踝的重量来增加阻力。

训练要点： 伸直髋关节，以使大腿与上身成一条直线。保持该姿势一小段时间，然后回到起始位置。在整个练习过程中，保持移动速度缓慢且动作连贯。

动作等级： 初级、中级和高级。

STOP　需避免的常见错误

避免在板凳上选择太靠后的位置俯卧，因为这会伤到脊柱区域并降低稳定性。

⚠ 注意事项

应注意向下移动的过程，你的膝盖可能触地，这取决于你的身高和板凳的高度。

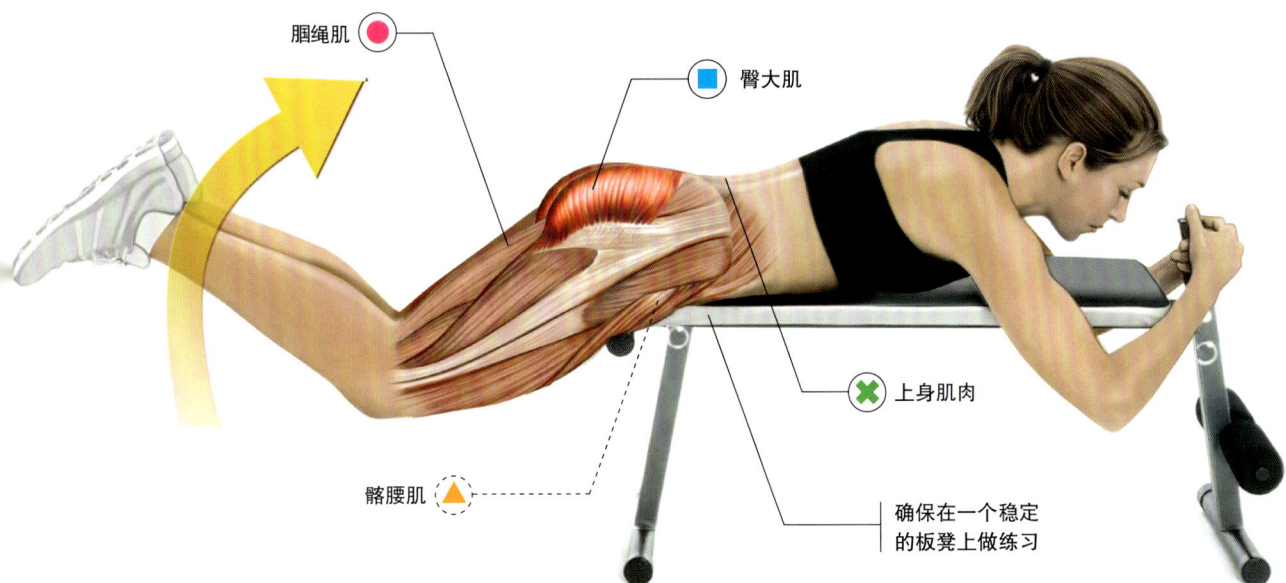

腘绳肌 ●

臀大肌 ■

上身肌肉 ✖

髂腰肌 ▲

确保在一个稳定的板凳上做练习

变式训练

开始

结束

起始姿势：仰卧，膝关节弯曲，双脚与地面接触。抬起髋部，用双脚和背部上部来支撑身体。

训练要点：保持髋部挺起，移动两

膝，使之分开，随后将两膝并拢。在同一时间，你在为臀大肌、臀中肌和臀小肌做同样的锻炼。

动作等级：初级、中级和高级。

肌肉激活程度

2.5

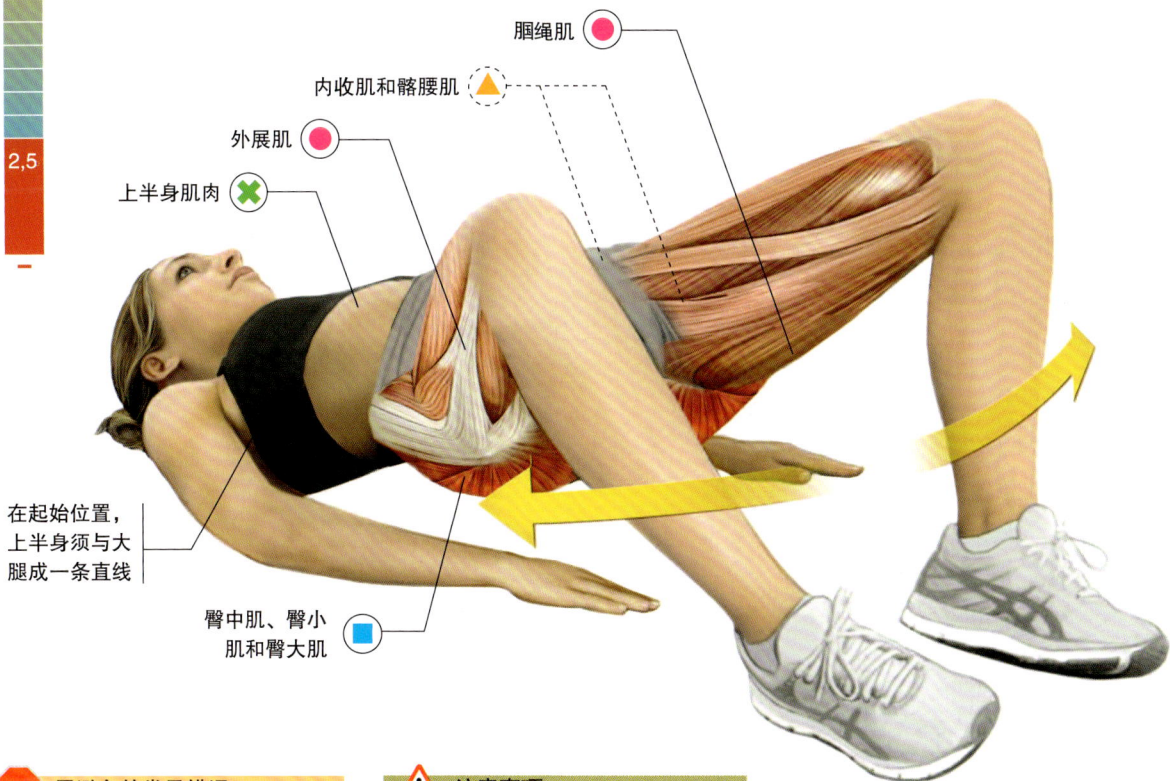

腘绳肌

内收肌和髂腰肌

外展肌

上半身肌肉

在起始位置，上半身须与大腿成一条直线

臀中肌、臀小肌和臀大肌

🛑 需避免的常见错误

避免颈部后侧承受重压，身体应由双脚和背部上部支撑。

⚠️ 注意事项

不要对颈椎施加压力，而应放松颈部。

变式训练

开始　　　　　　　　　　　　　　　　　　　　　　　结束

腹部

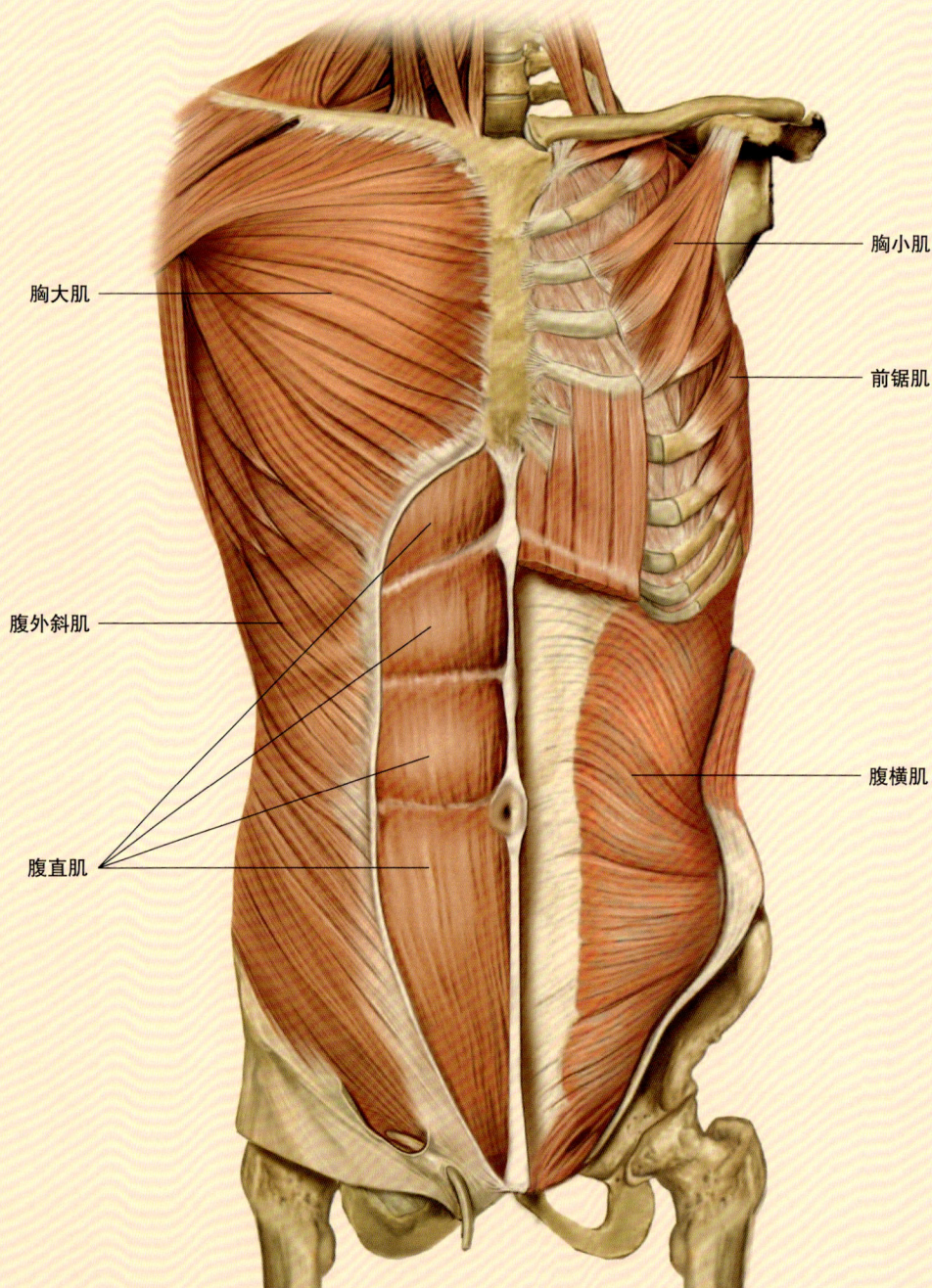

胸大肌

胸小肌

前锯肌

腹外斜肌

腹横肌

腹直肌

腹

部肌肉占据从胸部下部到骨盆上部的区域，覆盖腹腔。这些肌肉对保持正确的姿势以及维持并保护内脏来说很重要。健身者对腹部肌肉也会有清晰的审美情趣，尤其是腹直肌。但腹肌仍然不必太厚，为使其可见，不仅必须进行系统锻炼，而且还须减少储存在腹肌里的脂肪。我们可能拥有强有力的腹肌，但却显不出来。

腹直肌

这块肌肉起自耻骨联合和耻骨嵴，止于胸骨剑突和第5~7肋软骨前面。它的主要作用是弯曲上半身，而且它是腹肌里最可见的肌肉。它也是因为其在形状上的分组排列而成为人们最熟知的一块肌肉。因为常常被主动用作地面对抗运动（例如柔道和古典式摔跤）中以及被动用作诸如拳击之类的运动中的保护动作，它也是很重要的肌肉。它的作用还有稳定身体和维持深呼吸。

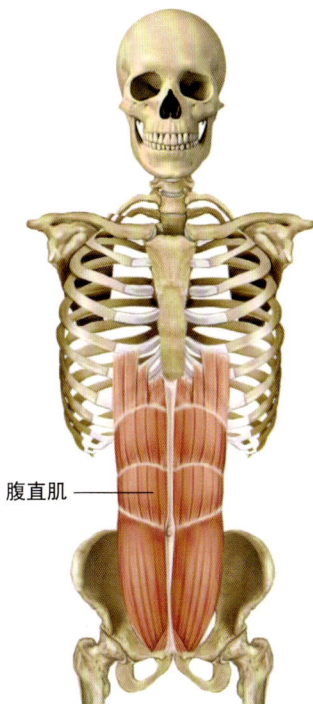

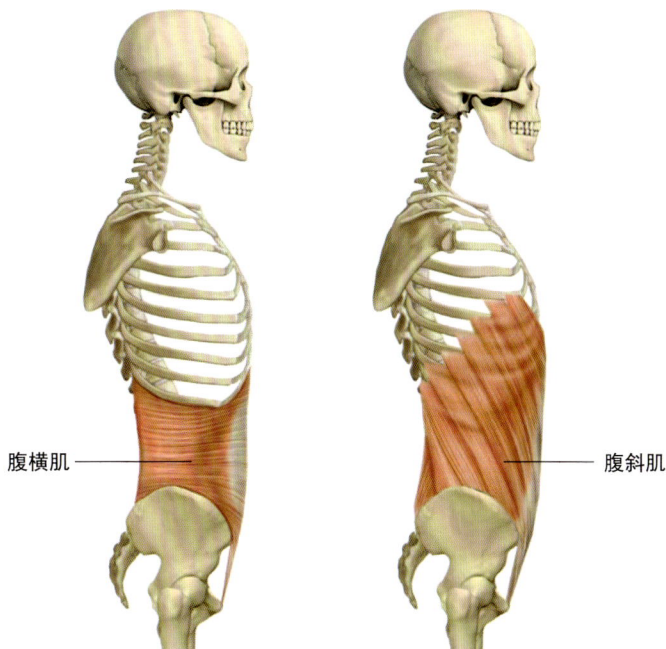

腹横肌 ——

—— 腹斜肌

腹直肌 ——

腹横肌

这块肌肉起于腹股沟韧带、髂嵴、胸腰筋膜和第7~12肋软骨，止于白线和耻骨嵴。它的主要作用是构成腹腔壁以保护腹腔脏器以及维持深呼吸。因此，它对所有运动中的呼吸控制来说很重要，尤其在对呼吸要求严格的各种游泳项目中。它也被用在需要深呼吸的对抗运动中，尤其是在撞击和掉落的瞬间。

腹斜肌

这些肌肉包括腹外斜肌和腹内斜肌，统称为腹斜肌。腹外斜肌起于第7~12肋软骨，止于髂嵴、胸腰筋膜、白线和耻骨。腹内斜肌起于髂嵴、胸腰筋膜和腹股沟韧带，止于第9~12肋软骨、腱膜、腹横肌、韧带腹股沟、白线和第7~9肋软骨。两块肌肉的主要作用是转动上半身，但它们也被用在弯曲上半身的动作中，并且较多地被用在使用工具（球拍、棍棒、球杆、球板）击打的运动项目中，因此它们被用在网球、板球、曲棍球、棒球、羽毛球、壁球、回力球、木球及马球等运动中。

肌肉激活程度

+

6

−

起始姿势：采用跪姿，背对练习器，双手从头部两侧向后抓住绳子。滑轮必须被固定在高处。

训练要点：轻轻向前下方移动上身。记住，我们追求的是通过弯曲上身来锻炼腹直肌，移动范围为5~10厘米。

动作等级：中级和高级。

上身肌肉 ✖

腹直肌 ■

腹斜肌 ●

髂肋肌 ▲

STOP 需避免的常见错误

避免弯曲髋关节，因为你需要的是上身的弯曲，而那里是你将完成高质量锻炼的地方。

⚠ 注意事项

避免胸部太靠近地面，因为那样会增加髂腰肌的负荷，而这原本应由腹直肌来承受。

可以跪在垫子上，以避免膝盖和脚踝的不适感

变式训练

开始

结束

起始姿势：采用仰卧姿势，头朝练习器，脚指向远离练习器的方向。滑轮必须被固定在较低的位置，双手抓住绳子或单个把手，保持肘关节弯曲约90°，手与前额相距一掌距离。

训练要点：保持上臂在同一位置不动，弯曲上身，轻微抬起胸部，然后向下移动，直至整个背部躺在垫子上。

动作等级：中级和高级。

肌肉激活程度

7

上身肌肉 ✗

移动距离必须很短，并且只有背部的上部向上离开垫子

● 腹斜肌

■ 腹直肌

▲ 髂肋肌

🛑 **需避免的常见错误**

避免移动距离过大而使胸部贴近膝盖。这会降低腹肌的锻炼效果，并让身体处于不稳定状态。

⚠️ **注意事项**

在整个练习过程中保持膝关节弯曲。

变式训练

开始

结束

肌肉激活程度

+

7

−

起始姿势：仰卧，弯曲膝关节，双臂伸展，举起一只哑铃或一个杠铃片并将其置于胸部上方。

训练要点：尝试向天花板方向举起哑铃几厘米，然后下降，直至背部上部与垫子接触。在向天花板方向举起哑铃时，必须确保不向前或向后举哑铃。

动作等级：中级和高级。

腹斜肌 ●
腹直肌 ■
髂肋肌 ▲

移动范围应为5~10厘米，且该练习需缓慢而平稳地进行

✖ 上身肌肉

🛑 需避免的常见错误

避免胸部在靠近膝盖的过程中移动过长的距离，应始终将哑铃置于胸部上方并牢牢握住。

⚠ 注意事项

如果使用较大的重量，则应确保双脚收紧并置于辅助垫或支撑杠上。

变式训练

开始　　　　　　　　　　　　结束

起始姿势： 坐在腹肌练习器上，辅助垫压向胸部，双脚置于脚踏上，保持双手放在胸前垫上以保证安全。

训练要点： 微微弯曲上身，降低胸部，然后回到起始位置，不要让重物撞向他处。移动距离应较短，整个动作过程应缓慢进行，而且不要摇晃身体。

动作等级： 初级、中级和高级。

肌肉激活程度

上身肌肉 ✖

髂肋肌 ▲

腹斜肌 ●

腹直肌 ■

当放低重物时，保持动作缓慢，不要使重物撞向其他处

STOP 需避免的常见错误

避免弯曲髋关节而不是弯曲上身。当错误地做这个动作时，你的双腿会有知觉。

⚠ 注意事项

在做这个练习时，避免摇晃和突然移动，因为这样可能伤到背部。

变式训练

开始   结束

+

7

肌肉激活程度

–

🛑 **需避免的常见错误**

避免杠铃片靠近膝关节。肩关节和肘关节需保持固定，只通过弯曲上身来举起杠铃片。

⚠️ **注意事项**

不要做很长距离的移动。记住移动范围应为5~10厘米。开始时不使用重物或使用很轻的重物，然后逐渐增加重量。

起始姿势： 仰卧，背部贴在垫子上，双手握住一个杠铃片，保持肘关节完全伸直并与上身成一条直线。

训练要点： 通过朝天花板方向举起杠铃片来微微弯曲上身，保持双臂几乎完全伸直，随后缓慢回到起始位置。

动作等级： 中级和高级。

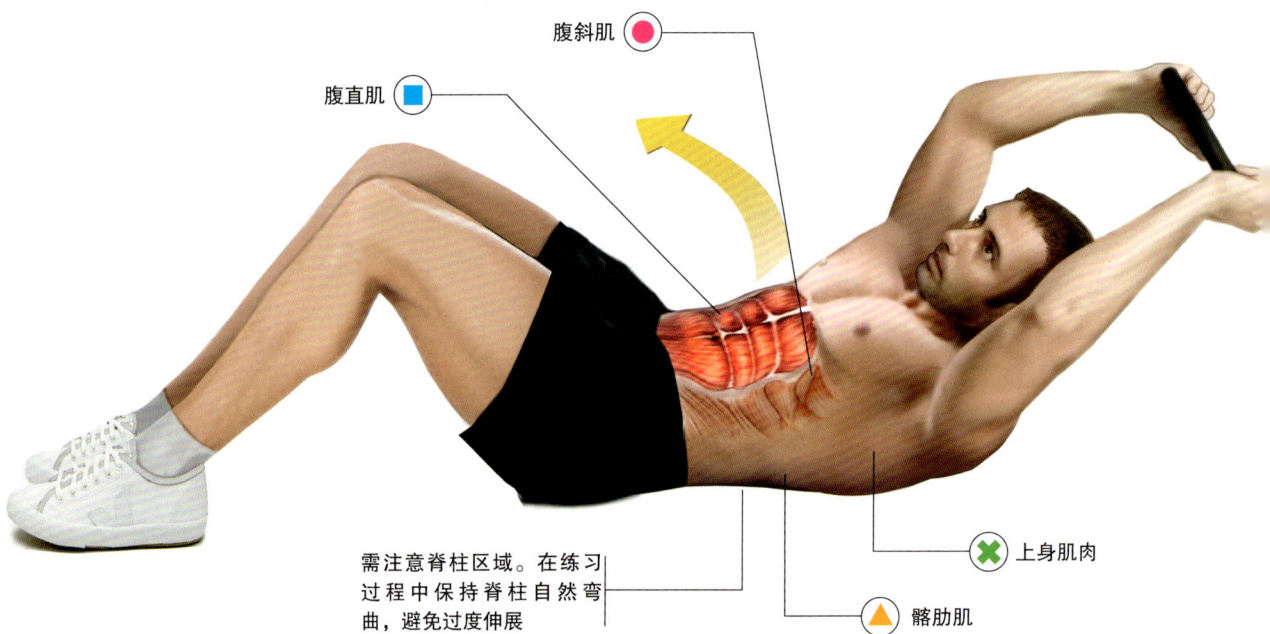

腹斜肌 🔴

腹直肌 🟦

需注意脊柱区域。在练习过程中保持脊柱自然弯曲，避免过度伸展

❌ 上身肌肉

🔺 髂肋肌

变式训练

开始

结束

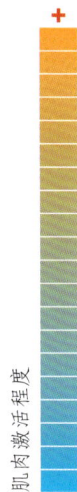

肌肉激活程度

腹斜肌 ●

腹横肌 ■

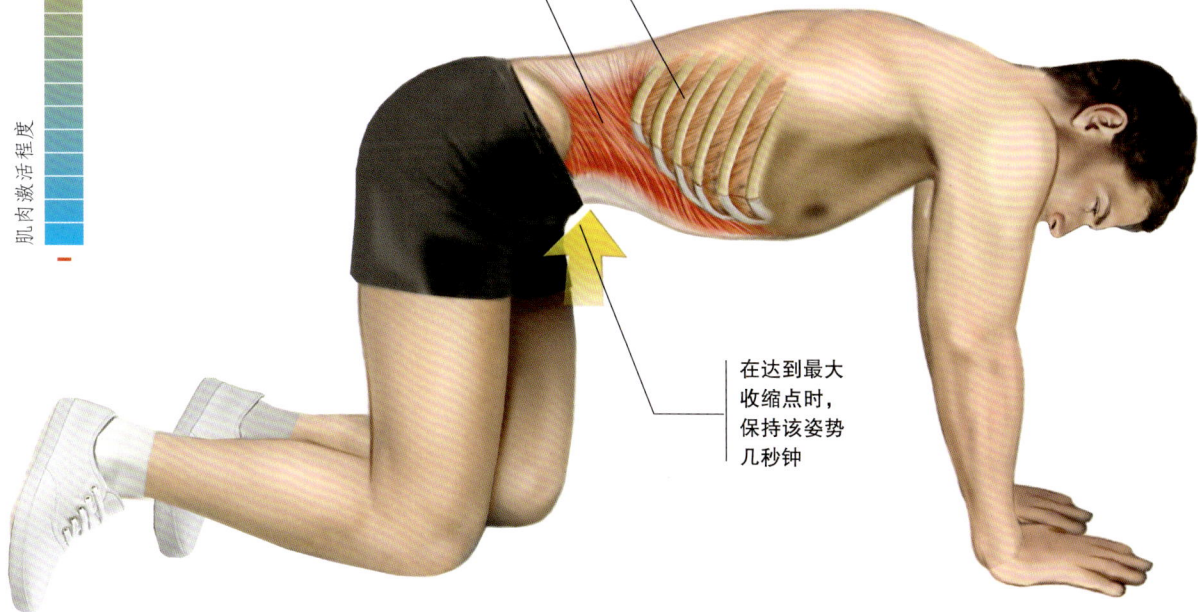

在达到最大
收缩点时,
保持该姿势
几秒钟

变式训练

开始

结束

起始姿势:如上图所示,四肢
向下俯在垫子上,保持双手间距与
双脚一致,这样可保证你的姿势是
稳定的。

训练要点:收紧腹部,试着
尽可能多地减小肚脐与脊柱间的距
离,然后放松腹部,回到起始位
置。不要忘记以缓慢且可控的方式
来完成动作。

动作等级:初级、中级和高级。

⚠ **注意事项**

在这个练习中保持脊柱始终在同一个
位置。

屈膝侧卧起坐

起始姿势： 侧卧，弯曲髋关节和膝关节，如下图所示。可将低处的手放在腹部来感受肌肉延展，另一只手放在颈部后面，但不要拉伸颈部。

训练要点： 朝一侧弯曲上身，并试着减小腋下与髋关节间的距离。移动距离必须较小，并且缓慢而可控地移动，以达到最好的锻炼效果。

动作等级： 初级、中级和高级。

STOP 需避免的常见错误

避免拉伸头部或用置于颈部后侧的手拉动颈部。颈部应放松，而不应被施加压力。

⚠ 注意事项

在以前所有锻炼腹肌的练习中，移动距离都较小，此处动作也不例外。如果移动距离较大，就会使动作不到位，降低锻炼效果，而且会产生不稳定的支撑。

肌肉激活程度
5

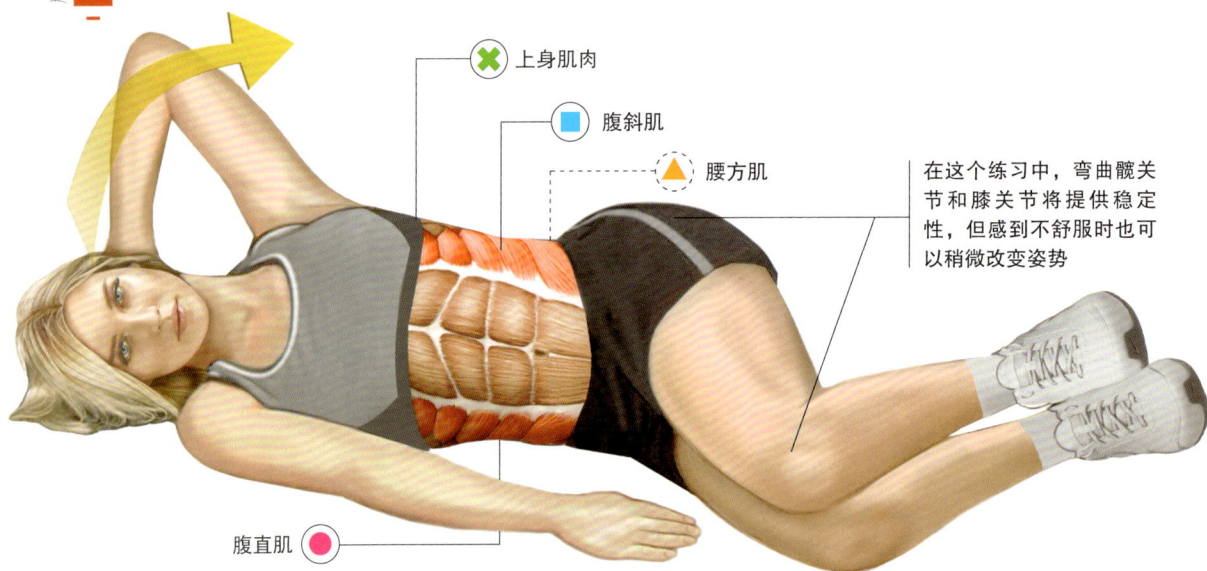

✖ 上身肌肉
■ 腹斜肌
▲ 腰方肌
● 腹直肌

在这个练习中，弯曲髋关节和膝关节将提供稳定性，但感到不舒服时也可以稍微改变姿势

变式训练

开始　　　　　　结束

起始姿势：躺在垫子上，双手交叉置于肩上。须保持膝关节弯曲，一只脚放在地上，另一只脚的脚踝交叉搭在对侧的膝盖上，如下图所示。

训练要点：弯曲并转动上身，带动肘关节靠近对侧的膝盖。记住肘关节靠近的膝盖是有一条腿交叉置于其上的那一个。当用一条腿做完练习后，换另一条腿进行与上述相同的练习。

动作等级：初级、中级和高级。

STOP 需避免的常见错误

避免向胸部移动膝关节，而应朝膝关节方向抬起胸部。尽管看起来胸部和膝关节间的距离以同样的方式被缩短，但这两个动作过程并非使用同样的肌肉。

⚠ 注意事项

避免移动过程中的摇晃而使上身回到这个练习的消极阶段。即使背部躺在垫子上，突然的下降以及与地面的撞击也会对椎骨产生负面影响。

在做这个练习时，记住移动距离较小，且只有背部上部离开地面

肌肉激活程度

6,5

腹直肌 🔴

上身肌肉 ❌

腹斜肌 🟦

腰方肌 🔺

变式训练

开始

结束

肌肉激活程度

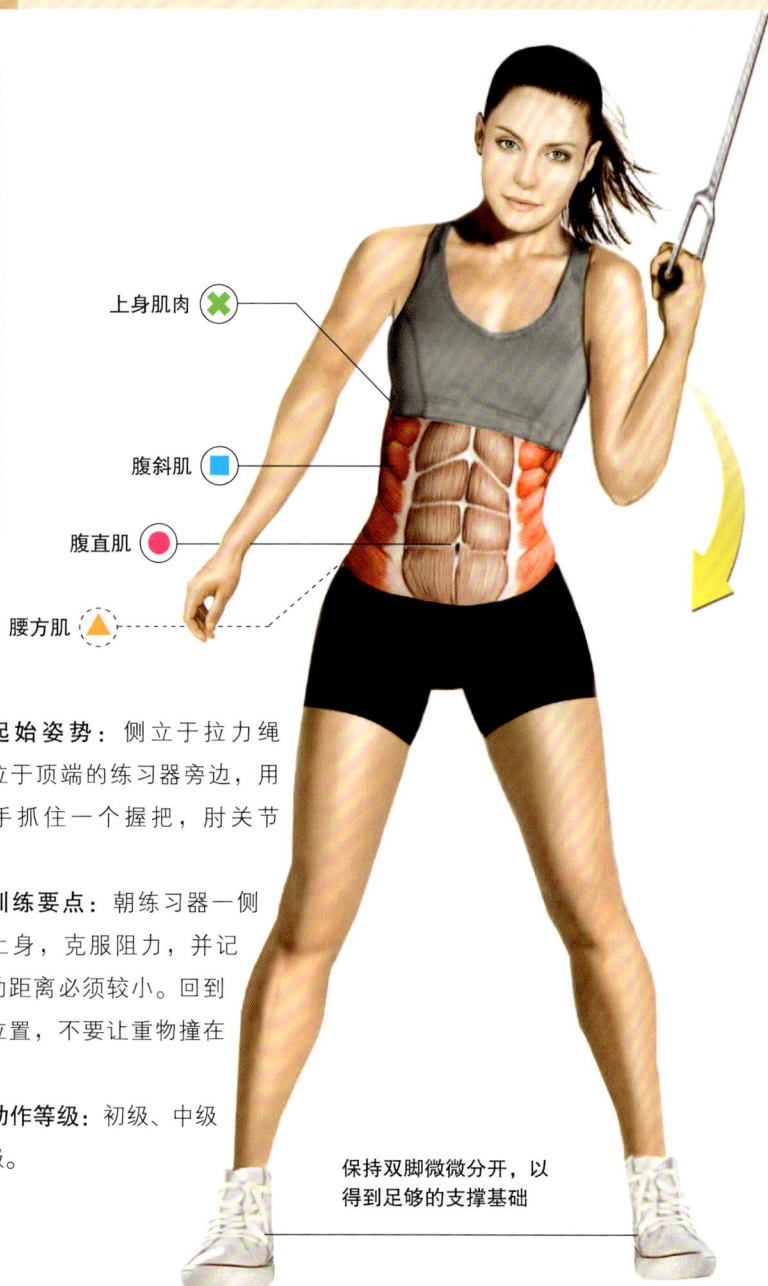

上身肌肉 ✖

腹斜肌 ■

腹直肌 ●

腰方肌 ▲

起始姿势： 侧立于拉力绳装置位于顶端的练习器旁边，用一只手抓住一个握把，肘关节弯曲。

训练要点： 朝练习器一侧弯曲上身，克服阻力，并记住移动距离必须较小。回到起始位置，不要让重物撞在一起。

动作等级： 初级、中级和高级。

保持双脚微微分开，以得到足够的支撑基础

变式训练

开始

结束

🛑 **需避免的常见错误**

避免通过伸直肘关节而不是将上身向一侧弯曲来向下拉拉力绳。这是初学者易犯的最普遍的错误，他们往往试着加大这个练习过程中的移动距离，往往超过应该保持的距离。

⚠️ **注意事项**

避免移动肩关节和肘关节，因为在整个练习过程中，它们必须保持稳定。

起始姿势： 采用坐姿，保持膝关节弯曲90°，双脚放在地面上。保持上身微微后仰，双手抓住一个哑铃、杠铃片或实心球，保持双臂在胸前几乎伸直。

训练要点： 转动上身，在腿部上方将重物移向一侧，然后在相反方向上做练习。记住以可控的方式进行练习。

动作等级： 中级和高级。

+

6

−

肌肉激活程度

✖ 上身肌肉

移动时动作应缓慢，但不应太慢，因为这个练习多数时候是在你因为转换方向而停止移动的惯性下完成的，也就是在一个方向上停止运动而在另一个方向上开始运动时

● 腹直肌

■ 腹斜肌

▲ 腰方肌

变式训练

🛑 **需避免的常见错误**

避免双脚靠得太近或太靠近臀部，因为这会降低练习中身体的稳定性，最终使身体不稳定。

⚠ **注意事项**

从较小的重量开始锻炼，因为这个练习从技巧上来说是比较复杂的，一开始你可能发现保持身体平衡是比较困难的。

进行健身练习的初学者应知道在开始时要想正确做好一些练习动作可能很困难，尤其是那些涉及无重量的练习。而且当练习涉及一些关节和动作角度时，训练会更加困难，例如在下斜杠铃推举中身体会变得不稳定。此外，运动者在开始时会较难区分肌肉拥塞和特定肌肉的分离。因此，对于初学者，使用带有动作指导的负荷练习器进行锻炼会是一个好的开端，这将减少参与的关节数，而且不受努力达到好的训练效果的目标的干扰。这样能帮助他们开始区分不同的训练感觉和完善动作的执行，换言之，深入体会他们的身体感觉。

我们将为初学者给出两个相似的训练计划。健身者可以在健身房里完成训练计划，也可以在一些没有特定设备的地方来完成锻炼，只要遵循下面介绍的锻炼方法即可。

训练计划A/初级

1 坐姿腿屈伸

见第91页

2 俯卧腿弯举

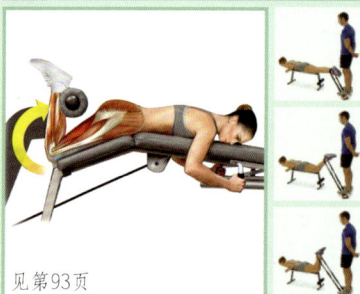

见第93页

3 跪姿屈膝抬腿

见第103页

4 坐姿提踵

见第97页

5 练习器夹胸

见第31页

6 坐姿练习器划船

见第42页

7 练习器侧平举

见第56页

8 V型曲杠下拉

见第75页

9 练习器坐姿收腹体前屈

见第113页

需着重记住的一点是初级训练计划可被使用很长一段时间，这是为了保持锻炼效果以及改善体质。大概来说，这不等同于较低的效果和有限的改善。为取得进步，我们建议使用在前言部分提到的训练日志，记录你的训练进展、每次练习所使用的重量以及达到肌肉衰竭点所做的重复动作。这些数据能为健身者在接下来的训练阶段里试图取得突破时提供参考。如果健身者在做杠铃推举时使用60千克的重量做10次动作，那么接下来的训练目标是重复做11次动作。当在90秒内可做12次重复动作时，就是可以增加重量的时刻，这也需要减少动作重复的次数，并由此开始新一轮的进展和进步。这样一来适用于初学者、中级训练者和高级训练者的训练计划都可被使用很长一段时间，直至训练者出现停滞不前的状态。

训练计划B/初级

1 仰卧上斜腿屈伸

见第89页

2 坐姿腿弯举

见第94页

3 单腿哑铃站姿提踵

见第96页

4 练习器推举

见第33页

5 坐姿练习器上拉

见第43页

6 练习器肩上推举

见第62页

7 牧师椅杠铃弯举

见第71页

8 V型曲杠下拉

见第75页

9 弯腿卷腹

见第117页

即使不是专家，中级训练者已经掌握了无负重练习的基本技巧，并对肌肉收缩的感觉非常熟悉，也能可靠地定位参与锻炼的肌肉。他们的肌肉和身体结构已经可以承受高强度锻炼，并且能使用相当大的重量进行训练。这种训练者已经能顺利

完成技巧特别复杂的训练，即使他们会碰到一些身体不稳定的状态。这些训练可能涉及两个关节，或者动作角度不同于那些通过站立或平躺在地面上来完成的训练。

下述训练计划中的练习动作经过精挑细选，适合于中级训

练者。健身者可以在健身房里完成这些练习，也可以在一些没有特定设备的地方来完成锻炼。健身者可能更喜欢将训练计划A里的一些练习与训练计划B里的一些练习放在一起进行锻炼。练习项目可在两个训练计划之间交换，只要替换是对等的。这样就

训练计划A/中级

1 仰卧上斜腿屈伸

见第89页

2 坐姿腿弯举

见第94页

3 单腿哑铃站姿提踵

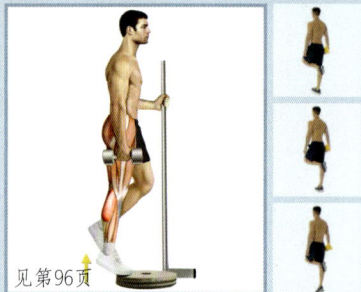

见第96页

4 拉力器胸前交叉飞鸟

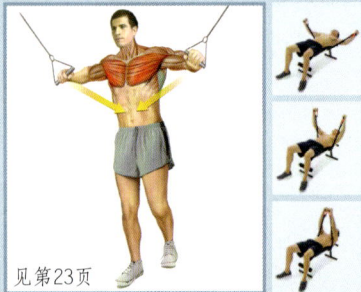

见第23页

5 V把下拉

见第45页

6 站姿哑铃侧平举

见第54页

7 上斜哑铃弯举

见第70页

8 坐姿哑铃背后上拉

见第76页

9 拉力器仰卧收腹下拉

见第111页

能锻炼到每一个肌群，没有任何肌群没被锻炼到。

　　举例来说，训练者可以选择执行训练计划A，该计划以腿屈伸开始，不过可以将之替换为训练计划B里的哈克机深蹲，两者都可以锻炼股四头肌。这样一来，训练者可以选择自己掌握得更好的练习动作，同时还能保持一个完整平衡的训练计划。在此我们不建议将不同训练等级里的练习动作放在一起，因为一些高级训练动作可能需要更高水平的技术熟练度。训练者必须记住，如果他们处于这个级别，就应该选择相近的替代内容，这样训练中的阻力水平与他们能胜任的练习相匹配。必须记住去遵循前言部分中提到的高强度训练方法。

训练计划B/中级

1 哈克机深蹲

见第90页

2 俯卧腿弯举

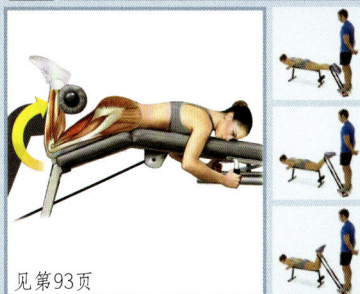

见第93页

3 颈后杠铃站姿提踵

见第95页

4 杠铃卧推

见第25页

5 窄握距下拉

见第39页

6 坐姿肩上推举哑铃

见第61页

7 单臂哑铃弯举

见第72页

8 双杠臂屈伸

见第77页

9 哑铃仰卧收腹

见第112页

训练计划　高级

高级训练者会有规律地进行锻炼，并且他们获得的锻炼效果开始明显地见于肌肉增长和用于健身的身体构造上。他们能在训练时很好地理解身体的感觉，能掌握健身动作的技巧，包括那些复杂和要求高的练习。

处于该级别的训练者可能已经能设计他们自己的训练计划，包含能使他们达到最佳运动表现的练习，舍弃那些经实践检验却无助于达到肌肉发展所需强度的练习动作。

不过高级训练者仍然可以使用下述训练计划，因为它们可作为该级别很好的指导和恰当的训练工具，包含一组对技巧要求高的训练和可选的不具备健身器材的训练地点。健身者不关注的那些训练动作可被

训练计划A/高级

1 颈后杠铃深蹲

见第88页

2 俯卧腿弯举

见第93页

3 颈后杠铃站姿提踵

见第95页

4 下斜杠铃推举

见第30页

5 宽握正手引体向上

见第38页

6 变换握法推举哑铃

见第60页

7 单臂交替哑铃弯举

见第69页

8 仰卧肱三头肌伸展

见第74页

9 杠铃片仰卧起坐

见第114页

修改，由锻炼同一个肌群的其他动作来替代。这些替代动作能使训练者感到更舒服，或者能达到更好的训练效果。

高级训练者知道自己的强项和弱项，并懂得如何在训练中包含更多的锻炼弱项的练习，以得到功能平衡、美观悦目、体型匀称的身体。

一旦健身者达到这一级别，他们必须小心选择替代材料，因为在使用弹力绷带时需要多种阻力级别，还必须使用适当的或较大的重量进行锻炼。这也使得不使用完整器材进行的训练变得更加复杂。

训练计划B/高级

1 颈前杠铃深蹲

见第92页

2 坐姿腿弯举

见第94页

3 单腿哑铃站姿提踵

见第96页

4 平卧哑铃飞鸟

见第28页

5 T型杠划船

见第48页

6 肩上推举杠铃

见第59页

7 站姿杠铃弯举

见第68页

8 单臂哑铃向后伸展

见第78页

9 拉力器跪姿收腹下拉

见第110页

词汇表

Z型杠：用于锻炼做各种弯曲动作的肌肉，能使手腕在一些特定练习中承受较小的力，例如仰卧肱三头肌伸展、站姿反握杠铃腕弯举。

负相：训练中阻力大于施加力的阶段，这样一来肌肉被伸展，重物在重力作用下移动。这发生在我们放低重量的时刻，也被称为离心相位。

骨干：出现在长骨两端之间的细长圆柱部分。长骨的中间部分看起来比骨骺或两端更细长。

骨骺：长骨的末端。这是与其他骨骼形成关节的区域，它一般比骨干或骨骼中央部分更宽。

滚花：杠铃、拉力器握把或哑铃金属杆表面的图案或纹路设计，双手在此处抓住杆。滚花可保证可靠的抓握并免于打滑，这是使用重量进行锻炼时的一个很重要的特征。

哈克机深蹲：一种借助锻炼股四头肌和臀肌的器械来完成的动作，其中重量通过辅助垫落在肩上，升降器通过髋关节和膝关节的弯曲和伸展来上下移动。

后向拉伸：这个动作相当于伸展，但仅适用于肩关节运动。

脊柱后凸：胸部区域脊柱上的生理弯曲。一般出现在背部区域的适当结构中，通常不太明显。特殊情况下可能出现后凸畸形，才被称为一种病态。

脊柱前凸：颈椎或腰椎区域的生理弯曲。一般向身体前侧弓起，出现在脊柱区域的适当结构中，通常不太明显。特殊情况下可能出现前凸畸形，才被称为一种病态。

腱膜：一种肌腱，其形状不同于通常的圆柱或圆锥形，而是扁平形。

结节：存在于一些骨骼末端的突起，通常与肌肉的止点重合。

近端：离身体某部位起点和或中心点最近的区域。例如股骨的近端位于离髋关节最近和离膝关节最远的地方。

隆起：身体某个局部的增长或突起，通常指突出的部分椎骨（脊椎或横向突起）。

内收：一种将四肢向靠近身体中轴线的方向移动的动作。这种靠近必须在做动作的人面前被察觉到。

内旋：一种将身体某部分向水平中心轴靠近的动作。

起点：肌肉的附着点之一，通常是近端，在肌肉等张收缩过程中保持不动。

前向拉伸：这个动作相当于弯曲，但仅适用于肩关节运动。

屈：一种相对于身体某部分中心轴向前移动身体的动作。对于膝盖，则是向后移动。

上拉：一种将重量向下移动的动作，无论是杠铃还是哑铃，起始位置都位于头后的背部。这个动作着重锻炼胸肌或背部肌肉，取决于握距的大小。

生理学：指的是研究生物机能的科学，它与解剖学紧密相连。

斯科特椅：一种用于锻炼肱二头肌的椅子，在坐姿将手臂和腋下支撑在辅助垫时被用到。它以健美运动员拉里·斯科特的名字来命名，但斯科特并不是它的发明者，它在20世纪60年代开始普及。

四肢：用于在地上支撑身体的四个身体部位，包括手掌和双膝。

伸展：一种相对于身体某部分中心轴回拉的动作。对于膝盖，指的是向外延展。

收缩：一种通过腹肌的紧缩来使躯干前倾的动作。

抬举：一种将杠铃从地上抬起到肩部的动作。

挺举：一种有技巧的举重动作，杠铃会被举过头顶。

推举：重物被推起的练习，比如卧推、仰卧肱三头肌伸展、肩上杠铃推举等。

外旋：一种沿水平中心轴移动身体某部分的动作。

外展： 一种将四肢向远离身体中轴线的方向移动的动作。这种远离必须在做动作的人面前被察觉到。

向内翻转： 一个旋转前臂的动作，可使手背向上并将手掌转到朝下的位置。

向外翻转： 一个旋转前臂的动作，可将手掌转到朝上的位置。

移动电机： 一种进行负荷锻炼的器械，杠铃杆被固定在其上，可以引导训练者进行上下移动和在不同高度抓住重量。杆可以与传统杠铃上的杠铃片连在一起，尽管移动的自由度受到限制，它在特定训练中可提供更好的稳定性。

远端： 离身体某部分起点和或中心点最远的区域。例如股骨的远端位于离膝关节最近和离髋关节最远的地方。

正相： 训练中施加力大于阻力的阶段，于是肌肉收缩，重物克服重力向上移动。这发生在我们抬高重物的时刻，也被称为向心相位。

止点： 一块肌肉终止的地方，通常位于肌肉远端，在肌肉等张收缩时发生位移。

窒息： 一种呼吸中断，力量训练者在最大发力的瞬间通常会遇到，例如在进行很重的杠铃卧推时自然发生的屏息。

参考文献

Aguado Jodar, Xavier. Eficacia y técnica deportiva. Análisis del movimiento humano. Barcelona: Inde, 1993.

Ashwell, Ken. Manual de anatomía del ejercicio. Badalona: Paidotribo, 2012.

Ashwell, Ken. Diccionario visual de anatomía. Badalona: Paidotribo, 2013.

Delavier, Frédéric. Guía de los movimientos de musculación. Badalona: Paidotribo, 2007.

Fucci, Sergio; Benigni, Mario; Fornasari, Vittorio. Biomecánica del aparato locomotor aplicada al acondicionamiento muscular. Barcelona: Doyma, 1988.

Hislop, Helen J.; Montgomery, Jackeline. Daniels & Worthingham Técnicas de balance muscular, 7ª ed. Madrid: Elsevier España, 2003.

Kapandji, Adalbert. Fisiología articular, 5ª ed. Tomos I, II y III. Madrid: Médica Panamericana, 2012.

Kendall, Florence P.; Kendall, Elisabeth. Músculos: pruebas y funciones, 2ª ed. Barcelona: JIMS, 1985.

Miralles Marrero, Rodrigo. Biomecánica clínica del aparato locomotor. Barcelona: Masson, 2000.

Nordin, Margareta; Frankel, Victor. Biomecánica básica del sistema musculoesquelético. Madrid: McGraw-Hill-Interamericana, 2004.

Palastanga, Nigel; Field, Derek; Soames, Roger. Anatomía y movimiento humano. Badalona: Paidotribo, 2001.

Vella, Mark. Anatomía y musculación para el entrenamiento de la fuerza y la condición física. Badalona: Paidotribo, 2007.